Crépuscule

AU DIABLE VAUVERT
MASSOT ÉDITIONS

Juan Branco

Crépuscule

Préface de Denis Robert

Du même auteur

RÉPONSES À HADOPI, suivi d'un entretien avec Jean-Luc Godard, coll. « Actualité critique », *Capricci*, 2011

DE L'AFFAIRE KATANGA AU CONTRAT SOCIAL GLOBAL : UN REGARD SUR LA COUR PÉNALE INTERNATIONALE, coll. « Thèses », *Institut universitaire Varenne, Librairie générale de droit et de jurisprudence*, 2015

L'ORDRE ET LE MONDE : CRITIQUE DE LA COUR PÉNALE INTERNATIONALE, illustré par Miquel Barceló, coll. « Ouvertures », *Fayard*, 2016

D'APRÈS UNE IMAGE DE DAESH, *Lignes*, 2017

CONTRE MACRON, *Divergences*, 2019

ISBN : 979-10-307-0260-6

© Éditions Au diable vauvert / Massot Éditions, 2019

Au diable vauvert
La Laune 30600 Vauvert

www.audiable.com
contact@audiable.com

Ce texte est dédié à ceux
qui n'auront jamais concédé leur dignité.
Ceux qui, face à la tentation du pouvoir
et de la compromission, du mensonge et de l'intérêt,
auront su tenir sans céder.
Dédié, il l'est à cette idée qui m'a fait naître,
cette République postulant l'égalité de ses enfants.
Cette République qui a aspiré le monde,
et qui sombre maintenant entre des mains prostituées.

Préface

C'était au début du mois de novembre 2018. Le président de la République achevait sa tournée mémorielle par une visite à Pont-à-Mousson, une ville en bord de Moselle. Il devait y clôturer un colloque qui usait d'anglicismes pour « inventer » son monde de demain : *Choose France Grand Est.* J'y ai un ami médecin. Je le soupçonne d'avoir voté pour Emmanuel Macron aux deux tours de la présidentielle. Entendons-nous bien, j'ai fait comme lui au second tour, sans état d'âme particulier. Donc cet ami que je soupçonne de toujours voter à droite m'envoie un long mail quelques jours plus tard avec une dizaine de photos édifiantes. C'était comme si un gaz mortel avait anéanti toute

une ville. Pas un seul Mussipontain dans les rues.
La place Duroc complètement fermée à la population. *Idem* pour l'abbaye des Prémontrés où étaient
enfermés les cinq cents invités du colloque, des
élus et des décideurs triés, fouillés, encravatés. En
cet après-midi, la ville est anesthésiée. On a écarté
la population. Dans un cercle d'environ un kilo-
mètre de diamètre autour d'Emmanuel Macron,
pas un seul habitant libre et vivant. Rien que des
barrières métalliques, des gendarmes et des compa-
gnies républicaines de sécurité, patientant dans des
dizaines de cars garés le long des berges. Le soir,
à la télévision et le lendemain dans la presse, on
relevait la réussite du voyage présidentiel, sans faire
état de la mise à l'écart du peuple importun. « Je
n'ai jamais vu ça, c'est complètement dingue »,
commentera mon ami à propos de la peur visible
de voir le président confronté à des opposants.

C'était le 5 novembre et les gilets jaunes étaient
encore pliés dans les coffres des fourgonnettes. Juan
Branco ajoutait une dernière touche à son manuscrit *Crépuscule* qu'il venait de mettre en ligne sur
son blog. Il était encore confidentiel.

Une semaine plus tard, les gilets jaunes vont
commencer à râler sur les réseaux sociaux, puis
sur les ronds-points. Cette taxe carbone pour les
voitures diesel fait hurler les pauvres. Et se cacher
les riches. Le pays se fragmente, le pouvoir joue

la montre. Les commentaires médiatiques mini-misent à l'unisson le mouvement qui se dessine et s'enracine. L'écart se creuse, bientôt abyssal, entre la France de tout en haut et celle d'en bas. Au milieu, s'ouvre un gouffre que cherchent à combler les corps dits intermédiaires et les préposés aux commérages politiques. Personne n'y parvient. Les corps intermédiaires ont été pulvérisés par Emmanuel Macron et sa République en marche. Les médias restent pour l'essentiel indulgents à l'égard du pouvoir et développent des théories fumeuses pour masquer leur incompréhension face à cette révolte. J'ai les photos de mon ami médecin en tête. Un président qui se cache à ce point de sa population est un président qui triche et qui a peur. Quelles autres explications ?

Juan, qui n'est alors qu'une relation sur Facebook, poste un message en m'invitant à lire son texte. Ce que je ne fais pas tout de suite, rebuté par le propos apocalyptique : « Le pays entre en des convulsions diverses où la haine et la violence ont pris pied. Cette enquête sur les ressorts intimes du pouvoir macroniste, écrite en octobre 2018, vient donner raison à ces haines et violences que l'on s'est tant plu à déconsidérer. » On en voit tellement passer sur le Net. Pourtant, malgré le style abscons, la longueur des phrases et l'âpreté d'une lecture sur écran, quelque chose m'accroche dans le ton, ce

Juan Branco semble connaître son sujet et tenir la distance. J'enregistre le document.

Je suis entouré d'amis, journalistes, voisins, parents qui, pour la plupart, minimisent le mouvement des gilets jaunes. Sur Facebook, l'incendie se propage, mais dans les médias *mainstream*, on avance pépère, traitant les manifestants[1] au mieux d'« olibrius » ou de « beaufs » (Jacques Julliard), au pire de « racailles cagoulées » (Pascal Bruckner), « de salopards d'extrême droite ou d'extrême gauche qui viennent taper du policier » (Luc Ferry) ou de « hordes de minus, de pillards rongés par le ressentiment comme par les puces » (F.-O. Giesbert). Chaque samedi, tandis que le président se terre, les gilets jaunes occupent pourtant de plus en plus d'espace. Mes interlocuteurs reprennent souvent l'acmé des commentaires médiatiques, s'effraient de la violence de la rue, critiquent l'absence d'organisation et de revendications claires, amalgament les gilets jaunes à l'extrême droite. Ces raisonnements m'apparaissent étriqués, dupliqués et *in fine* dénués de fondement. Ils expriment une peur de l'inconnu et de l'insurrection qui couve.

---

1. Lire à ce propos l'article de Serge Halimi et Pierre Rimbert : « La lutte des classes en France », dans *Le Monde diplomatique* de février 2019, qui recense, de Bruno Jeudy à Hervé Gattegno en passant par Sébastien Le Fol ou BHL, la triste litanie des vilenies écrite par les « éditocrates » français.

Je viens de publier une enquête qui décrit la façon dont les milliardaires, aidés par les banques d'affaires et les cabinets d'avocats, pillent les États[2]. J'ai beaucoup réfléchi, écrit des livres, réalisé des documentaires autour de la question de ces inégalités croissantes, de la prégnance de la finance sur l'économie, et de la paupérisation des classes moyennes : comment un pays aussi riche que le nôtre peut-il produire autant de pauvreté ? Je prends le parti sur les réseaux sociaux, comme lors de débats publics, des gilets jaunes. Ils expriment une révolte salutaire, essentielle. Ils nous rendent honneur et fierté malgré les excès et les bavures. On me relance alors régulièrement : « Tu as lu *Crépuscule* ? Tu as vu la vidéo de Juan Branco chez Mermet[3] ? » Un soir de la fin décembre 2018, je me tape les deux. Je découvre d'abord un jeune homme calme et fougueux, à la pensée structurée qui développe une critique argumentée et originale du macronisme. Puis je me plonge dans *Crépuscule*. J'en sors fatigué mais emballé. Je n'ai pas lâché son manuscrit. Malgré les digressions et la posture parfois emphatique, c'est la première fois que je

---

2. *Les Prédateurs*, avec Catherine Le Gall, Le Cherche-midi, 2018.
3. Le 21 décembre 2018, Juan Branco était l'invité de Daniel Mermet à *Là-bas si j'y suis*. Sa prestation d'une trentaine de minutes fera rapidement plus d'un million de vues.

lis une histoire aussi fouillée et convaincante de ce que pourrait être le macronisme, qui apparaît ici comme une splendide arnaque démocratique.

Le macronisme n'est ni un humanisme ni une idéologie. C'est – à l'évidence, à la lecture de *Crépuscule* – une invention d'oligarques. C'est un système de préservation et d'optimisation des acquis d'une (grande) bourgeoisie qui ne savait plus à quels saints se vouer après la déconfiture des deux précédents mandats présidentiels.

Emmanuel Macron est passé par là. Il a conquis les foules. Il marche sur l'eau. Il consolide et perpétue le rapport de domination des élites sur le peuple. Il ne cherche pas à s'enrichir ou à enrichir précisément sa famille tel le tyran classique et âpre au gain. Mais il est dur au mal, travaille pour sa caste, ses amis, ceux qui l'ont aidé à conquérir le pouvoir. Il cherche à préserver et à faire prospérer leurs intérêts. Le macronisme est une forme élaborée, moderne et high-tech de despotisme. Un despotisme éclairé certes, mais un despotisme quand même.

Rien que ça?

Rien que ça.

Le manuscrit dans sa première version – Juan intervient régulièrement sur son blog pour peaufiner son texte – se divise en deux parties. La première – une centaine de feuillets – est un monologue sur la prise de pouvoir d'Emmanuel Macron. La seconde plus courte – une quarantaine de feuillets – est un portrait du nouveau secrétaire d'État chargé de la Jeunesse et des Sports, Gabriel Attal. Les deux sont réunis sous la bannière d'un « crépuscule » promis au jeune président et à ses affidés (dont le méconnu Gabriel Attal). La rumeur autour du texte et les téléchargements vont bon train. Juan devient assez vite une star des réseaux sociaux et multiplie les vidéos et interventions sur Facebook et Twitter. Fin décembre, son texte a été téléchargé plus de cent mille fois et certaines de ses vidéos comptent deux millions de vues.

Nous entretenons une courte relation épistolaire. J'invite Juan à reprendre son texte, à le densifier, à le fluidifier en pensant à son lecteur. Je le pousse à faire un travail journalistique et pédagogique et lui propose de chercher un éditeur. Je le fais sans calcul, par passion pour cette histoire et ce manuscrit en devenir. Je n'avais encore jamais lu ni compris à ce point les raisons profondes du macronisme. J'avais bien compris que les médias faisaient la promotion d'Emmanuel Macron. J'avais lu çà et là qu'il copinait avec Xavier Niel. Je m'étais étonné de voir la reine des paparazzis Mimi Marchand s'occuper en exclusivité de l'image du président. J'avais relevé que Brigitte Macron ne portait que des fringues appartenant à des entreprises de Bernard Arnault.

Mais je n'avais jamais fait de lien entre ces événements et d'autres contés par Juan Branco.

Je baignais dans un bain d'eau tiède, à peine énervé de lire et d'entendre, à longueur d'éditoriaux ou d'apparitions télévisées, des commentaires laudatifs sur la jeunesse et l'intelligence d'Emmanuel Macron. Quelle chance nous avions! J'avais fermé les écoutilles. Je somnolais. J'étais comme ces grenouilles qui ne se rendent jamais compte qu'elles vont finir ébouillantées. Les pauvres…

Les gilets jaunes nous ont réveillés. Juan, par son parcours et sa position dans l'appareil d'État, par son âge et ses relations avec les leaders de cette République en marche, participe à ce réveil de nos consciences endolories. Il nous permet de mieux appréhender la chose macronienne. Et de cerner l'horreur naissante.

— Horreur, tu veux dire « aurore »?

— Non, je veux dire « horreur ».

— Tu déconnes?

— Non, rien de ce qui est proposé n'est défendable. Ce qui est horrible, c'est autant le programme économique et fiscal que la manière avec laquelle on nous l'enrobe et la lutte des classes qui profile…

Juan Branco est un pirate et un *insider*. Il raconte, de l'intérieur, l'avènement d'Emmanuel Macron et des trentenaires qui l'entourent et l'encouragent. Tous ont le même profil: dents longues, ambition dévorante, pensée aseptisée et dénuée d'affect pour tout ce qui concerne le « peuple ». L'idée même du peuple. Le mot est banni de leur vocabulaire. « Ils ne sont pas corrompus. Ils sont la corruption. », écrit Juan avec affectation et un certain réalisme. À les voir travailler et communiquer, on peut lui donner raison.

Juan a vingt-neuf ans. Il a été le premier conseiller d'Aurélie Filippetti avant qu'elle ne devienne ministre et le vire. Il a côtoyé, à ce titre, les patrons de chaînes de télé et de journaux. Il a été dragué par les adeptes de La République en marche et par Xavier Niel. Il est normalien, a fréquenté l'École alsacienne à Paris où il a partagé la scolarité de Gabriel Attal qu'il a connu sarko-ziste, socialiste et maintenant macronien pur sucre. Cet Attal est une sorte de quintessence de la philosophie présidentielle. La description qu'il en fait est glaçante et sert de détonateur au livre. Ce jeune homme bien mis, ministre à vingt-neuf ans, symbolise à la perfection le triomphe du vide politique et du progressisme libéral. Cette modernité constamment mise en avant évacue toute idée d'intérêt général et déifie l'absence de scrupules. Seule compte la marche en avant vers nulle part, la victoire individuelle, la Rolex à trente ans et le nouveau smartphone.

On est ici dans la saga d'un gouvernement qui court pour ne pas tomber, qui cache des accords passés.

À lire Branco, on déchiffre et on réalise la trahison. On la voit. C'est de cela qu'il s'agit. D'une perfidie. D'une tromperie sur la qualité de l'offre politique. Le président qui veut légiférer sur les *fake news* est lui-même le produit d'une immense *fake news*. Celle d'un jeune provincial supérieurement intelligent qui œuvrerait pour le bien de tous et se serait levé un matin en rêvant à son destin présidentiel. À lire Branco, l'histoire devient plus grise, intéressante, secrète, chaotique, compromettante. Et crépusculaire.

Emmanuel Macron transparaît dans ce récit comme le produit d'une manipulation de l'opinion. Grâce au raisonnement mis en place, aux faits énoncés et sourcés, Emmanuel Macron, aussi brillant soit-il, est dévoilé comme le candidat d'un système oligarchique à bout de souffle qui avait intérêt à se trouver une vitrine et un *storytelling* sous peine de disparaître.

Comme manifestation incontestable de cette scénarisation de la vie politique, prenons l'exemple du 10 décembre 2018. Ce soir-là, en pleine crise des gilets jaunes, Emmanuel Macron, dans une allocution télévisée millimétrée, annonçait que tous les employeurs qui le pouvaient devraient verser une prime de fin d'année à leurs salariés. Cette prime ne serait pas soumise à l'impôt. Le président, acculé par la colère des gilets jaunes, lançait un appel aux entrepreneurs. *Help me.* Le

11 au matin, dans un improbable mimétisme, les P.-D.G. d'Altice, de Free, de LVMH, d'Orange et quelques autres annoncèrent qu'ils allaient tous lâcher autour de mille euros pour chacun de leurs employés, en vertu d'un « nécessaire effort de solidarité nationale ». Patrick Drahi, Xavier Niel, Bernard Arnault, Stéphane Richard, pour ne citer que quatre des principaux supporters d'Emmanuel Macron, répondaient présent. Tout était à l'évidence prévu, prémédité. Il fallait réagir vite et lâcher un peu de cash. Les amis et les sponsors de la campagne d'Emmanuel Macron ont répondu présent. Comment pouvait-il en être autrement ?

En cette fin d'année 2018, les actionnaires du CAC 40 se distribuaient 47 milliards de dividendes, la fortune de Bernard Arnault doublait, Emmanuel Macron s'arc-boutait sur le maintien de l'ISF. Il l'avait promis à ceux qui avaient financé sa campagne, à toutes ces familles, qui, à coups de chèques de 7 500 euros, avaient exigé plus de justice fiscale… pour elles. En cette fin d'année, curieux paradoxe, le nombre d'individus vivant sous le seuil de pauvreté dépassait en France les neuf millions.

Et les amis du président, sous la pression des gilets jaunes, lâchaient leur obole. De même l'État, inquiet de voir chaque samedi le peuple des ronds-points s'approcher des centres-villes, réglait ses primes à la police en leur offrant des flash-balls flambant neufs et très performants. Plus tard, ils feront voter une loi anticasseurs et assumeront sans faillir leur dérive autoritaire.

Je profite de la fin d'année et du début janvier pour faire la tournée des popotes en invitant plusieurs de mes amis éditeurs à lire le texte de Juan. Je suis d'un naturel confiant. Juan multiplie les followers et les libraires s'emballent pour la version numérique et si littéraire de *Crépuscule*. Je préviens mes amis éditeurs que le texte sera complété et amélioré. J'explique qu'on est dans la tradition très française des pamphlets. Que celui-ci est une œuvre salutaire. Depuis le livre de Christian Eckert où l'ancien ministre du Budget racontait comment Emmanuel Macron, alors ministre de l'Économie, avait abusé de son passage à Bercy, pour bâtir sa campagne des présidentielles[4], personne ne s'était attelé à dire, avec autant de précision, d'où venait le président, ni comment il avait construit son succès… Je vais essuyer cinq refus. La plupart du temps, la première lecture – celle de l'éditeur – est positive. C'est ensuite – quand on monte dans l'organigramme de la maison d'édition – que les choses se gâtent. Malgré les dizaines de milliers de

4. Christine Eckert, *Un ministre ne devrait pas dire ça*, Robert Laffont, 2018.

téléchargements sur Internet, malgré la crise des gilets jaunes et le lien évident entre celle-ci et le livre de Juan, aucun éditeur important ne veut prendre le risque de le publier. La question est, à l'évidence, moins judiciaire que politique. Même si, curieuse conjonction des temps, le 9 janvier 2019, Aurore Bergé, la porte-parole de LREM, annonçait avoir porté plainte contre Juan (et le chroniqueur Thomas Guénolé) pour incitation à la haine et à la violence. « Il y a pire que celui qui menace, que celui qui tabasse, que celui qui intimide, il y a ceux qui arment les esprits pour légitimer ces violences dans notre pays », indiquait la députée des Yvelines (à *Paris Match*).

Le refus du manuscrit et les attaques contre Juan me dépriment au point qu'avec un ami j'envisage de participer à son édition à titre personnel. J'en étais là quand deux éditeurs plus indépendants et enthousiastes que les autres ont pris contact.

Ce que vous avez entre les mains, cette chronique d'un effondrement qui peut advenir, est le fruit d'une courte maturation. Sa lecture permet de mieux comprendre comment et pourquoi ce président a si peur du peuple et compte tellement sur la police pour sauver sa réputation et celle de ses amis. Les grandes messes macroniennes, érigées en débats, occupent en ce mois de février finissant, à temps quasi complet, les écrans. Elles retardent une échéance qui semble, à lire Juan Branco, inéluctable. J'aurais pu dire « espérée ». Je n'en suis pas sûr. Contrairement à l'auteur de *Crépuscule*, je ne suis pas persuadé que l'effondrement puis la destitution d'Emmanuel Macron soit la seule issue au conflit qui agite le pays. Ni la meilleure.

Jamais des politiques fiscales et économiques n'ont été autant construites, vendues et inventées pour bénéficier aux classes supérieures déjà si riches et dominantes. L'absence de contre-pouvoir médiatique et d'offre politique crédible à opposer est désespérante. Nous nous sommes laissés endormir et berner. Mais nous avons été des électeurs consentants. Et ce qui se profile n'est pas la fin d'un monde, juste son déclin, sa nuit. Son tumulte. Son désordre. Sa confusion. Pourquoi croire au pire? Espérons l'aube, le calme, le silence et la justice. Espérons des hommes debout, déterminés et lucides.

Contrairement à la vision sombre et sans alternative d'une révolution forcément sanglante, induite par Juan, il reste un peu de temps et des espoirs. Il reste aussi des journalistes dans les médias *mainstream*, comme dans la presse alternative et indépendante, pour poursuivre le travail d'enquête autour du macronisme. Et inverser la tendance lourde qui voudrait enterrer les gilets jaunes sous les gravats du ressentiment des managers en place.

Ce livre est différent de ce qui s'édite et se lit usuellement sur Emmanuel Macron, ceux qui l'ont amené à l'Élysée et ceux qui vivent grassement aux crochets de cette République en marche vers leur néant. Son auteur assume pleinement et courageusement une forme de trahison. Juan vit à Saint-Germain-des-Prés. C'est un jeune bourgeois qui rompt avec sa classe, ses maîtres, certains de ses amis, ses collègues de Normale Sup et de Sciences Po. Il vit depuis près d'un an grâce au RSA. Gageons que cela lui sera reproché. Il a aussi rompu avec sa vie d'avant et ses salaires de banquier pour entreprendre ce travail pour lui-même, sur lui-même et pour nous. Il n'a rien prémédité. Il s'est levé un matin et s'est mis à écrire. À prendre ce risque parce que le reste – tout le reste – lui paraissait insupportable.

Crépuscule nous éclaire – c'est son paradoxe – sur la face obscure de ce pouvoir déliquescent. C'est d'abord un exercice de lucidité.

Denis Robert

1

Le pays entre en des convulsions diverses où la haine et la violence ont pris pied. Cette enquête sur les ressorts intimes du pouvoir macroniste, entamée en octobre 2018, vient donner raison à ces haines et violences que l'on s'est tant plu à déconsidérer.

Il rend hommage à ce *peuple sombre,* dont la profondeur a été confondue avec sa supposée saleté, par une élite qu'il est temps maintenant d'étriller.

Qu'il soit établi que seront ici révélés les liens de corruption, de népotisme et d'endogamie qui jonchent un pays et qui ont fait de ses dominants les esclaves de leurs propres intérêts.

Tous les faits que je vais exposer ont été l'objet d'une enquête et vérifiés au détail près. Ils exposent un scandale démocratique majeur : la captation du pouvoir par une petite minorité, qui s'est ensuite assurée d'en redistribuer l'usufruit auprès des siens sans ne rien s'exiger ni s'imposer, en un détriment qui explique l'explosion de violence à laquelle nous avons assisté.

Qui l'explique et l'a requise. Car à force de compromissions successives, nos clercs, chargés de décrypter le réel, se sont prostitués en un marché de l'information où la protection du secret valait autant, voire plus, que la révélation de la vérité.

Ce scandale n'a jusqu'ici pas été décrit, ni révélé, alors même qu'il est connu de ceux qui sont censés nous le raconter. Ceux-là mêmes qui se satisfont, plutôt que d'exercer leur fonction, de se compromettre avec qui ils sont censés contrôler – et qui les ont achetés. Dans un pays où 90 % de la presse est entre les mains de quelques milliardaires, l'exposition de la vérité est devenue affaire complexe. Morcelée, envasée, elle est devenue indicible et insaisissable, inagglomérable politiquement. La capacité à dire et se saisir du réel n'a cessé, par ces corruptions, pour les dirigeants comme pour les populations, de se dégrader.

Et le peuple a fini par se lever.

2

Nous courons à l'abîme. Un Français sur deux[5] a souhaité, dix-huit mois à peine après son élection, la démission du Président de la République. Il faut mesurer la force de ce qui pourrait apparaître comme le fruit d'un énième et anodin sondage : outre la variabilité des données et des humeurs qui

5. Sondage *yougov* du 4 décembre 2018. L'enquête a été réalisée les 4 et 5 décembre 2018, sur 1 005 personnes représentatives de la population nationale française âgée de 18 ans et plus. 48 % des personnes interrogées ont souhaité la démission d'Emmanuel Macron et 57 % la dissolution de l'Assemblée. Un mois plus tard, un sondé sur deux réclamait un changement de constitution.
Thomas Romanacce, « La moitié des français souhaitent la démission d'Emmanuel Macron », *Capital*, 5 décembre 2018 [En ligne].

saisissent toute population, soumises à des opérations de propagande régulières comme le grand débat en serait, mesurons ce qui nous a été dit : non pas qu'un Président de la République aurait déplu à un Français sur deux. Mais qu'un Français sur deux, dont une écrasante majorité adhérait jusqu'alors au système politique existant, a souhaité la mise à bas de celui qu'ils avaient, quelques mois plus tôt, collectivement consacré.

Jusqu'à le faire trembler, et ses mains, de maquillage recouvrir[6].

Comment expliquer cette anomalie alors que formellement, Emmanuel Macron semble avoir respecté l'ensemble des conditions qui font qu'une élection apparait comme démocratique, censé offrir à son attributaire un socle puissant pour diriger et réformer le pays ?

Voilà la question à laquelle nos clercs se sont trouvés incapables de porter réponse. Parties prenantes d'un système qui, par rachats successifs de leur liberté, les a asservi, les journalistes et les éditorialistes des grands médias sont devenus incapables de dire ou d'expliquer le monde. Réduits à commenter des paroles émanant de la rue ou du

| Crépuscule

6. Sur Macron et le maquillage, voir l'article de Raphaëlle Bacqué, Ariane Chemin et Virginie Malingre, « Depuis la crise des gilets jaunes, la vie à huis clos d'Emmanuel Macron », *Le Monde*, 22 décembre 2018 [En ligne].

pouvoir, ils se sont laissés éprendre jusqu'à ne plus rien saisir ni produire en soi.

Aucun n'a su entendre l'évidence, à savoir qu'Emmanuel Macron n'avait respecté que *formellement* notre système démocratique, et qu'ils avaient été les premiers complices de ce fait. Et que dès lors, l'illégitimité ressentie par une majorité de nos concitoyens correspondait à une évidente réalité.

Les mots sont durs. Et pourtant, cela sera l'objet de cet exposé, ils sont justifiés. Celui que nous nous apprêtons à abattre symboliquement a pris le pouvoir, littéralement, aux dépens des notre souveraineté. D'une souveraineté qui s'est trouvée *violée*.

Il n'y a nulle sédition dans l'appel au départ d'Emmanuel Macron. Sa prise nous a départi d'un quelconque désaccord *politique* et a altéré le sens même de notre confrontation à cet être, la possibilité même d'une confrontation par la politicité. Par le viol de nos principes démocratiques et républicains, l'idée même que nous appartiendrions à un même ensemble, aux règles politiques partagées, s'est trouvée affectée.

3

Aucune parole institutionnelle, dans les médias, les partis politiques ou ailleurs, n'a rendu compte d'un désir de bouleversement radical qui a pourtant traversé l'ensemble de la société française. Aucun, à l'exception des gilets jaunes que l'on aura invité et traité avec folklore pour les infantiliser pendant des mois sur les plateaux télévisés, ne s'est saisi de cette revendication principielle. Or c'est bien le rôle du médiatique et du politique, en une société démocratique et libérale représentative, que de porter les intentions de la population. Sans mépris ni écart, ni jugement précipité, dans une média-tion qui doit rester inhibée, qui doit amener à une élaboration permettant d'éviter toute dévastation.

Toute *déconstitution*.

Si aucun outil institutionnel ne permet de porter une parole pourtant largement partagée, alors le principe de notre régime s'en voit affecté, et la violence naît.

Ce qui a saisi le pays à partir du 17 novembre 2018 trouve ainsi à s'expliquer. Comment pourrait-on faire tenir un système qui se veut représentatif et démocratique, quand la parole d'une majorité de la population se voit, au quotidien, systématiquement écartée et dégradée? Alors qu'entre taxe carburant censée financer le CICE, Flat Tax, ISF et mille autres mesures invisibilisées, s'opérait un transfert de ressources massif au détriment de l'écrasante majorité de la population et à destination des quelques âmes qui avaient fait élire M. Macron? Alors que nul, parmi ceux qui sont formés, payés, intronisés dans le petit Paris pour défendre les intérêts de ceux qui sont écartés du pouvoir, ne s'est élevé? Ce paradoxe que personne ne souhaite traiter, que l'on a cherché à masquer, est le signe d'une défaillance profonde. Il est la preuve manifeste d'un échec[7].

---

7. Cette problématique touche tant aux médias qu'aux partis politiques, incapables de se saisir de l'importance de l'événement. La France insoumise elle-même, toute à sa quête de renouvellement, n'aura recherché qu'une dissolution parlementaire, dont on se demande bien ce qu'elle nous aurait apporté. Le Rassemblement National, paniqué, appelle au « respect des institutions de la Vᵉ république ». Les autres sont insignifiants.

Tous – partis politiques, intellectuels, experts et médias – se sont tus, car tous se sont trouvés pris dans la nasse de ce qu'il conviendra d'appeler, et nous le justifierons, un système oligarchique. À savoir un espace public dominé par des individus dont la fortune, immense, dépend directement ou indirectement de l'État, et qui investissent une part de leurs deniers pour prendre le contrôle de médias afin de les assécher, en réduire le pouvoir et d'en tirer une influence qui assurera la préservation de leurs intérêts, au détriment du bien commun.

Ces individus, je les ai vus, rencontrés, fréquentés.

Il n'est nulle démocratie sans citoyens éclairés. Nulle souveraineté sans possibilité de s'informer. Nulle liberté sans représentation chargée de la contrôler.

La *prise* de l'information par quelques individus obsédés par l'idée de soi a distordu la vie de la cité, écrasé toute possibilité réelle d'une quelconque forme de transgression et s'est accompagnée d'un écrasement de notre appareil éducatif, réduit à reproduire les privilèges et introduire les monarques et aristocrates qui demain hériteraient des prébendes de leurs parents, sous le masque d'un terme atroce et infondé pour le légitimer, méritocratie justifiant qu'un seul pour cent de fils et filles d'ouvriers fréquentent aujourd'hui les grandes écoles censées les défendre et les former.

Notre espace démocratique s'est trouvé absorbé par les intérêts jusqu'à nous laisser prisonniers de plateformes techniques aux algorithmes manipulables, dont le seul intérêt est la façon du profit, afin de nous organiser pour nous émanciper.

Aux mains d'une plateforme publicitaire comme Facebook pour recouvrer notre souveraineté : voilà où nous nous sommes trouvés.

Et pourtant, cette plateforme, nous nous en sommes saisis, et brutalement saisis. Et cette saisine nous a fait émerger dans l'espace public avec une brutalité proportionnelle à celle de l'étouffoir que jusqu'alors nous subissions.

Au prix d'une dizaine de morts, de milliers de blessés et d'arrestations, le système s'est à nouveau érigé, sous les hourras soulagés de médiateurs — journalistes et représentants — censés défendre les intérêts de la société, mais paniqués à l'idée d'être, à leur tour, emportés par cette vague, et déjà obsédés à l'idée de renouer avec leurs jeux de petits chevaux, indifférents à la violence qu'au quotidien des millions continuent de subir.

Ce texte démontrera cette évidence à laquelle nous avons, de l'intérieur, assisté : Emmanuel Macron a été « placé » bien plus qu'il n'a été élu. Et la presse a agi en ce domaine avec complicité, la complicité que l'on ne peut qu'attendre de ceux qui, eux-mêmes placés, subissant cure d'amaigrissement sur cure d'amaigrissement, n'auront cessé de bêler à leur indépendance par peur de perdre leur place, plutôt que de s'indigner, tels des poissons rouges enfermés en des bocaux toujours plus réduits.

La colère et la volonté de destitution qui ont animé une majorité de nos concitoyens s'en trouvent légitimées.

La démonstration qui suit est le fruit d'une trahison. En exposant cet enchevêtrement de compromissions, de mensonges et de manipulations, c'est avant tout à ceux qui avaient cherché à m'introniser que je m'apprête à m'attaquer. Et je m'apprête à le faire au nom d'une idée qu'ils ont abandonnée.

Cette idée est celle de la chose publique, la *Res publica*, qui m'a fait naître, et à laquelle je me refuse à renoncer.

J'ai été pendant six mois le premier conseiller d'Aurélie Filippetti alors que se dessinait son accession au pouvoir, courant 2012. Six mois lors desquels j'ai été chargé de défaire la loi Hadopi qui devait créer une autorité de contrôle sur le Net. Quand, alors que les engagements avaient été pris, en plein milieu de la campagne, une cabale de lobbyistes s'est mise en place pour faire revenir le candidat sur les promesses que nous lui avions à dures peines arrachées, j'ai déposé une démission qui m'a été refusée. Nous étions en 2012. L'expérience de cette campagne, abordée à reculons, lors de laquelle j'entendrais un futur Président de la République annoncer à ses conseillers qu'il savait qu'ils n'étaient là que pour les postes, et qu'il les leur octroierait, serait fondatrice. Elle me permettrait d'assister, de l'intérieur, à la mécanique faisant naître les pouvoirs et les fruits avariés de leurs trahisons.

Engagé au cœur de cette caste, j'ai assisté aux mécanismes présidant à l'organisation des *20-heures* de TF1, des interviews présidentielles sur France Télévision à la nomination et au recrutement des journalistes selon leurs affinités politiques et oligarchiques, aux mécanismes de publication et de dépublication des articles, aux systèmes de compromissions et redistributions qui se mettent en place à toutes les échelles pour s'assurer que rien ne soit dit sur le marché de l'information qui anime le petit Paris. Aux masques qui se posent sur les uns et les autres pour servir leurs intérêts.

J'ai auditionné aux côtés d'une future ministre de la culture tétanisée l'ensemble des patrons des chaînes télévisées, négociant un Acte II de l'exception culturelle, tenant la dragée haute à Nonce Paolini, Bertrand Méheut et Rémy Pfimlin, tandis qu'inquiète et silencieuse, elle regardait un enfant de vingt-deux ans s'exposer au sommet des tours de TF1, Canal + et France Télévision.

De l'intérieur de cette machine, à une place exorbitante pour mon âge, après avoir vu le Procureur de la Cour pénale internationale se prosterner face aux potentats africains et conseillers élyséens, j'ai vu grandir et se renforcer les dominants de ce monde, grandir et naître leur pouvoir, je les ai vu masquer leurs saletés pour mieux s'imposer. Face aux membres d'une oligarchie constituée, je me suis laissé absorber, avant de renoncer pour ne pas me voir à mon tour contaminé, et devenir le pion d'une fabrique au consentement mise au service de leurs seuls intérêts.

C'est de cette position que je m'apprête à vous raconter comment Emmanuel Macron a opéré un « arrachement démocratique » dont le seul débouché pouvait être le raidissement autoritaire du régime – jusqu'à l'excès –, ou son effondrement.

4

2 octobre 2017. À Paris, la Place Vendôme est bouclée. Face au Ministère de la Justice, se tient un événement important pour la nation.

Un des amis intimes du Président inaugure une boutique de vêtements.

La première fortune de France et quatrième mondiale[8], propriétaire du plus important groupe de luxe au monde, troisième actionnaire de Carrefour et d'une infinité de médias et de structures économiques, j'ai nommé Bernard Arnault,

---

8. 73,2 milliards d'euros en 2018, selon *Challenges*, contre 30,3 milliards en 2016, soit un doublement en moins de deux ans.

fête l'achèvement d'un projet long de sept ans, qui lui a coûté près d'un demi-milliard d'euros.

À quelques kilomètres de la Fondation Louis-Vuitton, construite grâce à plus de cinq cents millions d'euros de dégrèvements fiscaux[9], sa marque préférée – qui compte pour la moitié du résultat opérationnel du groupe LVMH – inaugure au cœur de la capitale son navire-amiral. Jointure de deux hôtels particuliers, le bâtiment offre à ses clients les plus fortunés, sur quatre étages, l'attrait de l'esthétique versaillaise, mâtinée d'une touche de modernité. Face à un ministère de la Justice décrépissant, un immense soleil doré contrevenant aux règles des Monuments historiques a été monté. Un arrangement a été trouvé.

Brigitte Macron, qui, lors de ses apparitions publiques porte de façon récurente des créations provenant des entreprises de son ami Bernard Arnault[10], a renoncé à venir. Le 29 juin 2017, elle était pourtant présente aux côtés de son mari pour

9. « LVMH a économisé 518 millions d'euros d'impôts grâce à la Fondation Louis-Vuitton », *Le Revenu*, 28 novembre 2018 [En ligne].
10. *Closer* indique ainsi avoir calculé que près des deux-tiers de ses apparitions se font en Louis Vuitton, en faisant *de facto* la plus importante égérie. Seule son « amitié » avec le créateur de Balmain, Olivier Rousteing, l'amène à porter des créations qui n'appartiennent pas au groupe LVMH, en dehors de quelques prises de distance très contrôlées.

l'inauguration à Paris de la Station F, le temple de la start-up nation, aux côtés de sa fille, Delphine Arnault, et de son gendre, Xavier Niel. Mis à part le couple présidentiel, les mêmes convives qui accompagnaient le Président de la République au dîner organisé par Donald Trump en l'honneur de la France se retrouvent ici servis par des majordomes en livrée, dans les salons d'hiver du plus bel hôtel de Paris. Au cœur du Ritz, à l'abri des regards et sous une escorte renforcée, on peut voir Bernard Arnault, en hôte avisé, accueillir les siens aux côtés de son gendre[11] et de sa fille. Ces trois-là ont joint leur capital pour devenir, avec l'aide complaisante de l'État, la plus puissante famille du continent. Autour d'eux, une centaine d'invités triés sur le volet.

Du fait d'une erreur de casting, j'en suis. J'accompagne une amie.

Ce n'est pas ma première rencontre avec Xavier Niel. Trois années plus tôt, le patron de Free m'a invité à déjeuner, place de la Madeleine, comme il le fait régulièrement avec des jeunes gens qu'il considère être appelés à de hautes fonctions. J'ai alors vingt-quatre ans, et je suis « lecteur » à

---

11. Dont la fortune s'élève à 6,8 milliards d'euros en 2018, après l'effondrement du cours boursier de Free, que Xavier Niel a cherché à compenser par le truchement du lancement d'une nouvelle offre appuyée sur l'entreprise Devialet, où il a investi aux côtés de Bernard Arnault.

l'université Yale[12]. De passage à Paris, après un séjour de recherche au Centrafrique, je m'apprête à rencontrer un certain Julian Assange pour la première fois. Mon agenda est chargé. D'ambassadeurs en hommes de pouvoir, la cour semble s'agiter. Natalie Nougayrède, directrice du quotidien *Le Monde*, m'attend le soir même. Elle ne sait pas qu'elle s'apprête à être éjectée par celui qui m'invite à ce déjeuner.

L'entrevue n'est pas très intéressante. Niel, pour lequel j'éprouve une grande curiosité, tente de me faire croire qu'il a des rapports exécrables avec son beau-père. Sa relation avec Delphine Arnault a perturbé l'image d'*outsider* resté fidèle à ses valeurs qu'il tente encore d'alimenter, et il semble obsédé à l'idée de la corriger. Nous parlons de choses diverses, je l'entretiens des dangers d'avoir investi dans la presse, d'un mélange des genres qui risque

| Crépuscule

12. Yale, concurrente historique de Harvard, a signé des accords avec l'École normale supérieure qui permettent de sélectionner quatre normaliens chaque année, chargés d'y enseigner. Ces accords, nés il y a plusieurs décennies, permettent d'ajouter des couches de légitimation mutuelle aux « premiers de cordée » des pays respectifs, tout en renforçant les liens entre leurs élites intellectuelles, creusant le fossé entre ceux qui n'ont pas eu le privilège d'intégrer, à vingt-ans, des grandes écoles violemment discriminantes sociologiquement parlant, et ceux qui auront toute leur vie pour rattraper le retard de parcours différenciés.

de l'effondrer. Il balaye d'un revers de main mes réserves, se raidit et découvre pas à pas, là où je croyais encore à une forme d'entièreté, le cynisme d'un être prêt à tout pour ses intérêts.

Alors que le journaliste qui nous a présentés tente d'accompagner la discussion, rien n'y fait. Le monologue se déploie à l'infini jusqu'à me laisser interdit. La névrose de l'argent qui s'expose chez cet être aux failles marquées n'est pas partagée. Elle écrase tout rapport à l'autre. J'essaye de prendre l'addition, sans succès.

Nous descendons le petit escalier privatisé qui mène sur le trottoir. Je sais que Xavier Niel a long-temps caché ses berlines et tenté de convaincre ses interlocuteurs qu'il roule encore en voiture d'occasion. L'un de ses plus proches collabo-rateurs m'a raconté en janvier 2019 comment, jusqu'aux fournitures de bureau, chaque dépense restait sujet à conflit. Payés deux mille euros par mois, ses assistants racontent comment certains camarades s'en sont trouvés réduits à louer un petit bureau de sept mètres carrés, sans fenêtres, pour s'occuper des affaires de la dixième fortune du pays. Nombreux sont ceux qui m'ont raconté les méandres d'un empire allant de la Corse à Miami, recouvrant de suie une légende que mon interlocuteur cherche à redorer. Sur le point de me quitter, il tient cependant à me montrer son téléphone : un certain Emmanuel Macron vient de lui écrire. « Le futur président de la République ! », me dit-il. Nous sommes en janvier 2014. Je le regarde, sévère. Son sourire s'éteint.

Le soir, lors de ma rencontre avec Natalie Nougayrède, nous parlons d'Assange et de Syrie. Je n'ose pas évoquer ma rencontre avec Niel et ses confidences à propos d'Emmanuel Macron[13]. Son prédécesseur, Érik Israelewicz, est mort d'une crise cardiaque après des mois de harcèlement, racontés en détail par l'un de ses proches, et dont ses actionnaires ne l'ont pas protégé. Elle est elle-même en grandes difficultés, négociant d'arrache pied l'obtention de maigres investissements longtemps promis, que ses milliardaires de propriétaires refusent de lui octroyer. Xavier Niel joue avec elle, je le découvrirai plus tard, un double jeu. Il a prêté à Mathieu Pigasse, ponte de la Banque Lazard, la somme lui ayant permis d'investir dans le quotidien, et va bientôt le sortir du *triumvirat* qu'il composait avec Pierre

---

13. Inquiet, je n'avais rien dit non plus à Niel de notre rencontre, et je comprendrai que ces précautions sont rares en ces espaces, lorsque Raphaëlle Bacqué, pilier de la rédaction du *Monde*, me recommandera d'aller le voir alors que je lui demande, quelques années plus tard, si elle pense que je pourrais y être recruté.

Bergé[14], proche de son lit de mort. Xavier Niel a eu besoin d'eux pour légitimer ses appétits de pouvoir et substituer aux procès qu'il ne cessait d'intenter aux journalistes, une prise de contrôle pure et simple pour, comme il l'a si bien dit, « qu'ils cessent de l'emmerder ». Mais ils ne sont que les pions d'une stratégie longuement murie.

Dans le grand bureau du boulevard Auguste Blanqui, cette journaliste intègre, que j'ai rencontrée au Quai d'Orsay alors que j'essayais de la prévenir des dérives de notre politique syrienne, ne sait rien de la fronde qui s'apprête à monter. Je me vois inquiet, pris dans un potentiel mélange des genres, alors qu'elle me suggère la voie de la presse. Moi qui pense un jour m'engager politiquement, lui réponds que le contrat que tout journaliste passe avec son lecteur pourrait s'en trouver brouillé, qu'il vaut mieux éviter. Elle me raconte ses difficultés, les investissements promis qui ne cessent de lui échapper, les journalistes qui sont en ligne directe avec les actionnaires pour la

43

---

14. Bergé n'avait lui non plus cure de la liberté d'expression, et je dus m'opposer violemment à lui pour que la censure qu'il tentait d'imposer au film de Bonello sur Saint-Laurent fut levée. Il tenterait alors de court-circuiter l'œuvre en en produisant une autre, sur le même sujet, de façon à écraser un travail qu'il considérait menaçant pour sa réputation et qui rencontrerait une grande reconnaissance critique. De ces entraves, *Le Monde* ne dirait mot.

contourner, les réformes qu'on lui impose pour mieux la fragiliser.

Lorsque je réécris à Xavier Niel, nous ne trouvons pas à nous entendre. Toujours réactif, il accepte le jeu, et nous prenons les mois suivants du temps pour tenter de trouver une accroche qui ne viendra pas. Après réflexion, j'en arrive, analysant froidement la dérive oligarchique de notre société et la lui exposant, à lui proposer sans ironie de devenir le précepteur de ses enfants. Élisa Arnault, la fille de Xavier Niel et de Delphine Arnault est, à sa naissance déjà, plus puissante qu'un quelconque chef d'État. Alors que les ombres s'amoncellent sur l'Europe et que la démocratie est en train de s'effondrer, je lui explique l'intenable de sa position, les dangers dans lesquels ils nous placent, et, à défaut de bouleversement, la nécessité d'éclairer ces pouvoirs écrasants.

Ce que je ne dis pas, c'est l'inquiétude que l'absence complète de considération de ces gens pour l'intérêt général suscite en moi. Les offres d'emploi qui se sont succédées depuis quelques temps, notamment de la Banque Lazard où j'ai été reçu en grande pompe ont confirmé que nulle part en ces lieux la question ne se posait. Comme si le simple fait d'adhérer au système suffisait à satisfaire : puisque celui-ci nous a couronné, pourquoi l'interroger ?

Les temps ne sont pas encore aux interventions trop directes des puissances de l'argent dans l'espace démocratique. Celles-ci se contentent, comme dans le cadre de l'affaire Quick[15], de piller partie des ressources que la puissance publique leur a attribué et qui seront compensées par les impôts prélevés auprès de la majorité des citoyens. Les hommes politiques restent issus de partis qui, peu ou prou, gardent un lien avec les populations, et limitent les dégâts. *Le Monde* m'apparaît encore relativement indépendant, comme si l'influence qu'avait tenté de s'acheter mon interlocuteur n'avait pas encore produit ses effets, celui-ci se contentant de se comporter en bon gestionnaire. C'est au contraire, je le comprendrai plus tard, la raison de son insistance à « rationnaliser » le fonctionnement de l'entreprise et de ne pas y injecter de financements : produire un étouffoir qui, à feu lent, par pression sur les directions successives et précarisation du système médiatique dans son ensemble, les asservira à ses intérêts.

Il reste que ces mondes portent en eux un inquiétant parfum. Lorsque, le lendemain, je pars à Londres et découvre, enfermé dans vingt-mètres carrés, un homme, Julian Assange, qui,

---

15. Lire à ce propos : Denis Robert et Catherine Le Gall, *Les Prédateurs,* Le Cherche-Midi, 2018.

acculé, continue de se battre pour faire éclater les systèmes de compromission qui asservissent, affament et tuent les populations, et qui pour cela est, de la CIA au FSB, ciblé par tout ce que le monde compte de puissants, je respire, soulagé.

Voilà un lieu où s'engager avec honnêteté.

5

Trois ans plus tard, Natalie Nougayrède a été éjectée du *Monde*[16], Julian Assange est toujours enfermé dans son ambassade, le protégé de Xavier Niel, Emmanuel Macron, est entré à l'Élysée, et je me retrouve donc, dans un pays transformé, à la démocratie effondrée, au Ritz, à quelques pas de celui qui avait naguère tenu à m'inviter à déjeuner.

16. Suite à une cabale nourrie en sous-main par les actionnaires du journal, elle sera remplacée par l'une des directions les plus pleutres que le journal ait connu, Jérôme Fenoglio prenant la tête du quotidien après avoir tenté de lui retirer ses pouvoirs, avoir été « proposé » par les actionnaires du *Monde* à la rédaction, qui le rejettera avant que Xavier Niel ne l'impose en « maintenant son candidat », actant la perte d'indépendance et de contrôle de la rédaction du *Monde* sur sa propre direction.

Une artiste, qui m'a vu grandir sur les tournages de mon père, m'a demandé de l'accompagner.

Après un moment de flottement, entre la robe de Julianne Moore et un sosie de Jeff Koons, on m'installe à une table isolée. Je prends le temps d'observer mes compagnons. Ils ne portent pas les robes de soirée des grandes actrices, les costumes des jeunes premiers. Et alors, la surprise me prend. Ce sont, je vais les découvrir l'un après l'autre, certains des membres les plus puissants des rédactions de Paris.

Ma surprise est immense. Dans la vanité de l'apparat et de l'asservissement, ils se sont rendus là, heureux d'être invités à un tel événement. J'ai reconnu immédiatement Marie-Pierre Lannelongue, rédactrice en chef du magazine du *Monde*, qui a plongé son regard dans son téléphone dès qu'elle m'a vu arriver et ne le relèvera plus. Quelques mois plus tôt, son magazine censurait une enquête longue d'un an que j'avais produite sur Areva au Centrafrique, aux sources d'un détournement de près de deux milliards d'euros d'argent public, et que *Le Monde* avait initialement acceptée. Elle, qui se trouve là, invitée au cœur de l'argent, a agi sur instruction de sa direction, comme me le confirmera sa consœur Camille Seeuws, après qu'un autre pilier de la rédaction, Serge Michel, trois semaines plus

tôt, a rencontré la même difficulté. Je reconnais
là aussi Joseph Ghosn, de *Grazia*, qui rit de ma
présence en ce lieu. Moins gêné, quelques années
plus tôt, il m'avait commandé mon seul papier
pour *l'Obs*, après avoir eu vent de ma rencontre
avec Assange. Accoutumé aux faux-semblants qui
habitent notre élite, il a décidé, désabusé, de s'y
couler, acceptant un poste important où l'impact
des compromissions qu'on lui réclame sera insignifiant. La directrice générale d'*Elle*, qui tente
de me faire rire à mes côtés, se montre adorable.
Je lui suggère de me recruter.

Alors qu'on nous annonce un concert privé de
Will Smith, en petit comité, et que les vins continuent de couler, je lance, sans y penser : « Mais,
au fait, pourquoi êtes-vous là ? » L'ambiance
jusqu'alors détendue se resserre d'un coup. Les
regards deviennent fuyants. Chacun semble
vouloir s'effacer. Il faut un temps pour que l'un
d'entre eux réponde, timidement : « Ce n'est pas ce
que vous pensez. »

À la sortie, un homme fluet, entouré de six gardes
du corps, me dépasse nerveusement : Bernard
Arnault, suivi de Xavier Niel et de sa femme
Delphine. Le temps de me reconnaître, le couple
a déjà fait cinq mètres. Je vois mon ancien interlocuteur s'arrêter et se retourner pour me dévisager.
Je ne dis rien. Quelques mois auparavant j'avais

raconté pour la première fois comment Xavier Niel s'était mis en ordre de bataille pour soutenir Emmanuel Macron, qu'il se vante auprès de ses proches d'avoir au téléphone tous les jours depuis son élection. Dans une petite gazette confidentielle, accessible seulement sur abonnement, je prévenais des dangers d'un pouvoir que j'avais vu naître et dont les fondements ne pouvaient l'amener qu'à dériver[17]. Le concert est atroce, humiliant pour celui qui le tient.

En rentrant, dans le froid de l'automne naissant, je repose, cette fois publiquement, la question à laquelle personne n'a su répondre quelques heures auparavant : « Mais que pouvaient bien faire, nourris au Ritz en livrée, dix pontes du journalisme parisien, à un dîner présidé par Bernard Arnault et Xavier Niel, eux qu'ils sont censés contrôler et sur lesquels ils sont censés enquêter, comme si de rien n'était ? ».

Car ce qu'ils y faisaient, ces membres des rédactions, l'on n'aurait dû le découvrir que lorsque, ouvrant les suppléments de nos magazines préférés, nous y aurions trouvé des articles à la gloire de la nouvelle boutique tout juste inaugurée.

---

17. Aude Lancelin, entretien avec Juan Branco, « Macron ou la tentation autoritaire », *Là-bas si j'y suis*, 18 juillet 2017 [En ligne].

Je n'ai plus jamais revu Xavier Niel ni Bernard Arnault. Dans la nuit, j'avais envoyé un dernier message au premier, comme pour le prévenir de ce qui venait : « Oui, c'était bien moi. *Burning houses wherever they are.* » Les maisons brûlent où qu'elles soient.

Ce monde pouvait bien les absorber. Je ne le laisserai plus jamais me toucher.

6

Contons ici la mise en place de ce pouvoir. La façon, dont, par exemple, Édouard Philippe, sorti de nulle part, a accédé au poste de premier ministre, après s'être perdu entre des missions de lobbying pour une grande entreprise du nucléaire et divers labeurs auprès des *Républicains*. Comment et pourquoi les dénommés Ludovic Chaker et Alexandre Benalla ont été recrutés à l'Élysée afin de mettre en place une garde prétorienne agissant comme une « police privée » auprès d'Emmanuel Macron. Comment ce modèle lui a été soufflé par Bernard Arnault et par son chef de la sécurité à LVMH, un certain Bernard Squarcini, rien moins que l'ancien directeur de nos services secrets intérieurs, la DGSI.

Celui-là même qui se trouverait mis en examen, suspecté d'avoir mis au service de son nouveau patron, LVMH, les moyens de notre État[18].

Pourquoi, plutôt que de raconter comment un individu comme Édouard Philippe avait pris une telle place auprès d'Emmanuel Macron et dans notre pays, la *presse libre* – et ses centaines de journalistes – s'est satisfaite d'en faire le récit que lui dictaient ses dirigeants, sans ne jamais chercher à enquêter.

Je vais vous montrer que, sur cette affaire comme des dizaines d'autres ayant trait à l'ascension d'Emmanuel Macron, aucun récit fidèle au réel n'a été écrit ou partagé. Et que dès lors, le vote de nos concitoyens ne s'est pas fait de façon informée. Entendez : sur des événements aussi importants que la nomination d'un chef de gouvernement, un pays tout entier a pu être tenu à l'écart des véritables vecteurs l'ayant propulsé. Aveuglé, nié à toute forme de vérité, le peuple de France s'est ainsi vu imposer ses gouvernants par une petite coterie satisfaite de ses manipulations. Le problème démocratique que cela suscite est ontologique : il expose notre régime politique dans sa nature, et retire dès lors à ses dirigeants toute possibilité d'être légitimés.

---

18. Bernard Squarcini a été mis en examen, le 28 septembre 2016, au pôle financier de Paris pour « violation du secret de l'enquête », « trafic d'influence » et « détournement de fonds publics », dans une enquête toujours en cours sur ses activités depuis sa reconversion.

Nous allons montrer comment Jean-Pierre Jouyet, que tous les journalistes politiques connaissent et ne cessent de protéger[19], comment cet ancien factotum de Nicolas Sarkozy et de François Hollande, en s'alliant à Henry Hermand – un millionnaire chargé de financer la vie privée de Macron[20] – et à Xavier Niel, qui lui donnerait les moyens de son ascension, a construit les fondements d'une odyssée par laquelle aura été organisée la captation du pouvoir grâce à un système chargé de redistribuer le capital que M. Macron avait, au cours de ses jeunes années, pillé pour être propulsé.

Je vais vous amener à vous interroger au sujet de cet homme dont son camarade de gouvernement

---

19. Au sujet de cet homme de l'ombre qui a fait et défait bien des politiques de ce pays, seules Raphaëlle Bacqué et Ariane Chemin, figures journalistiques principielles du *Monde,* auront un jour enquêté, sous François Hollande, avant de se montrer formidablement taiseuses à son sujet, notamment depuis l'élection de M. Macron, laissant leurs collègues du *Monde,* notamment Gérard Davet et Fabrice Lhomme, lui tresser sans rien en dire de nombreux lauriers.

20. Voir *Libération,* qui le premier évoque, le 7 novembre 2016, le prêt de 550 000 euros offert par Henry Hermand qui a permis à Emmanuel Macron d'acquérir son appartement à Paris. Il l'invite également pour des vacances au Maroc et devient son témoin de mariage, avant d'être progressivement mis à l'écart par Emmanuel Macron, et « de s'en lamenter auprès des jeunes de la REM, qu'il finance ». Nathalie Raulin, « Décès de Henry Hermand, le bienfaiteur de Macron », *Libération,* 7 novembre 2016 [En ligne].

à Bercy, Christian Eckert[21], racontera[22] comment, de la multiplication de ses frais de représentation à sa volonté obsessionnelle d'obtenir des privatisations, il n'aura agi à tout instant qu'en réponse à une ambition mise au service de ceux qui le serviraient, de l'IGF[23] au ministère de l'économie en passant par l'Élysée, utilisant l'accès privilégié aux ressources que des concours laborieusement obtenus lui avaient octroyées pour les offrir au meilleur donneur, en échange de garanties concernant son ascension.

Un homme capable d'arracher plusieurs millions d'euros en utilisant le capital que lui avait offert l'État – à commencer par les réseaux obtenus au sein de l'IGF et des commissions auxquelles il participa – pour le mettre au service d'une institution privée – la banque Rothschild – sans égards au fait que ces millions d'euros seraient *in fine* pris à des salariés et des consommateurs qui verraient leurs ressources d'autant réduites, servant de carburant à des opérations de fusion acquisition organisées au seul profit de banques d'affaires et d'actionnaires.

---

21. Secrétaire d'État chargé du budget au ministère des Finances et des comptes publics dans les gouvernements Valls I et II, et dans le gouvernement Cazeneuve.
22. Christian Eckert, *Un ministre ne devrait pas dire ça*, Robert Laffont, 2018.
23. Inspection générale des finances, plus prestigieux « grands corps » de l'État, accessible principalement par voie de classement à la sortie de l'ENA.

Ce qui sera ici démontré, c'est que le système mis en place par quelques personnes a suffi, outre le pillage auquel il a laissé libre court, à court-circuiter l'ensemble des garde-fous de notre démocratie, jusqu'à permettre l'établissement d'un pouvoir dont la légitimité est maintenant à juste titre contestée. Là où l'entre-soi et le conflit d'intérêt avaient été érigés en normes, là où les hommes de pouvoirs ont été intronisés pour maintenir l'ordre et se servir, une variable jusqu'alors contrôlée a resurgi.

Cette variable, ce serait le peuple réclamant souveraineté.

Ces gilets jaunes tant raillés par les petits soldats de l'ordre établi, tous ces hommes et ces femmes décrits comme violents et incultes par ceux-là même qui vivent à leurs crochets, et qui auront été les premiers à comprendre la supercherie que les cultivés et les sachants, eux qui tirent leur légitimité et leurs revenus de leur supposée capacité à interpréter et déchiffrer le réel, avaient oblitérée. Parce qu'ils se tenaient loin des jeux d'influence qui pourrissent le petit-Paris, parce qu'ils ne bénéficient pas des prébendes qu'offre l'État: ils ont tout de suite perçu le viol qu'on tentait de leur imposer. Ils ont compris sans avoir à l'entendre ce que les *MacronLeaks*[24] finiraient par révéler: que

---

24. Fuite de données intervenue le 5 mai 2017 provenant des messageries électroniques de cinq conseillers d'Emmanuel Macron, classées, vérifiées et publiées par Wikileaks le 31 juillet 2017.

la taxe carburant n'avait pas été, comme on l'avait prétendu, une mesure visant à soutenir la transition écologique, mais un transfert de ressources massif de la masse aux plus favorisés, un habillage conçu dès le départ par Alexis Kohler, aujourd'hui secrétaire général de l'Élysée, et Laurent Martel, conseiller fiscal de Macron, pour faire payer à tous ce que quelques-uns récupéreraient.

Ils ont compris ce que l'absence de diffusion de cette information, l'indignation radicale qu'elle aurait dû provoquer au sein des médias, a signifié. Ce que ces e-mails accessibles à tous disaient, échanges où l'on pouvait lire Laurent Martel affirmer qu'ils « raconteraient des histoires » pour imposer cette mesure fiscale conçue pour financer un dispositif d'allègement de cotisations inventé avec Emmanuel Macron dès 2012 en faveur des grands groupes au prétexte d'une amélioration de la compétitivité, et qui a déjà coûté plus de 80 milliards d'euros aux Français sans créer un seul des emplois promis.

Ils ont compris, seuls, puisque personne ne prenait la peine de l'affirmer, pourquoi la suppression de l'ISF, la *flat tax* et les mille autres dispositifs avaient été en quelques mois adoptés, loin des discours économiques censés les justifier.

Ils ont compris qu'il y avait là simplement rétribution de prébendes, alimentation d'un système où le principal critère pour accéder au pouvoir était devenu de complaire aux plus favorisés, et non de représenter la masse des français. Et ils l'ont compris seul, sans l'aide d'intermédiaires, qui de la presse aux partis politiques, sont pourtant censés les y aider et sont pour cela grassement financés.

L'enchaînement d'événements et de faits, de paroles et de trahisons qui ont composé le début du mandat de Macron ont donné naissance, en réaction, à un raisonnement non-discursif qui a amené à une violente réclamation d'approfondissement démocratique qu'aucun membre de notre « élite » n'a pourtant accueillie, se contentant de la renvoyer, contre toute évidence, à une recherche d'autoritarisme qu'ils étaient les seuls à alimenter. Alors que depuis des années les plateaux télévisés s'emplissaient de débats humiliants prenant pour cible des minorités instituées en boucs émissaires, tournée infinie sur autant de sujets dégradants chargés de distraire le peuple[25], les gilets jaunes se sont constitués dans la dignité. Les intellectuels et politiciens de *gauche*, satisfaits jusqu'alors de l'écrasement de la question sociale, se seront montrés frileux tout au

---

25. Dont l'épitomé, avant que M. Macron ne remette la question des migrations dans le « grand débat », là où personne ne le lui avait réclamé, fut la proposition d'institution d'une déchéance de la nationalité par François Hollande, que j'ai qualifiée sur Canal +, lors de ma première intervention télévisée, de pure et simple prostitution.

mieux, inquiets le plus souvent, faisant planer une menace d'extrême droite que seule nourrissait leur pusillanimité. Ceux de droite et les inconscients de la Macronie se seront réfugiés dans une pulsion d'ordre, propulsant de vaines tentatives qui de *Place Publique* à des listes de gilets jaunes en passant par des grands débats atrophiés, pures opérations de propagande visant à court-circuiter toute intermédiation démocratique afin d'écraser la contestation, permettraient d'intégrer ce mouvement à l'existant.

Les seuls qui auront compris et se seront engagés pour leurs pairs, auront été ces « illettrés » de la République qu'un tout récemment nommé ministre de l'Économie dénigrait dès sa première intervention radiotélévisée. Ce sont eux, ce peuple sombre que l'on se plait en ces lieux à mépriser, qui se seront pour eux-mêmes et pour le tiers, face à une pression ahurissante, engagés en pure sincérité.

Et ce sont eux que l'*intelligentsia*, trop inquiète de la perte de ses privilèges, abandonnera demain au profit de l'extrême droite si la Macronie venait à défaillir, pour peu que la première se montre capable de défendre leurs intérêts. Cette extrême droite qui, depuis trente ans, portant la parole d'un petit peuple exclu de mécanismes de reproduction sociale toujours plus violents, aura canalisé et détourné leur colère contre les plus fragiles d'entre nous, ces homosexuels, exilés, juifs qui demain, par ce nouveau pouvoir que nos élites s'apprêtent à consacrer en prétendant le combattre, se retrouveront exposés en première ligne.

Ce que ce texte entend démontrer, c'est que ce sont ceux qui réclament le départ du Président et la refondation de notre cité, qui le font pacifiquement, en s'attaquant en masse et symboliquement aux lieux de ce pouvoir et à leurs plus vils représentants, qui sont aujourd'hui les derniers défenseurs d'une République échancrée et d'une démocratie avariée.

Que leur violence institutionnalisée, pensée, régulée, n'est rien par rapport à ce qui nous a été imposé depuis des décennies. Que leur intelligence et leur pensée sont infiniment supérieurs à celles de ceux qui se seront prétendus formés pour cela.

Face à une politique prédatrice, qui dévaste le lien social et la capacité à exister en collectivité, ils sont les seuls qui, face aux spectres de la violence politique et de la résurgence du néant, auront tenu droit et pourront nous porter demain.

7

Le soulèvement qui a enflé et n'a pas hésité, face à une violence d'État organisée, à s'imposer à partir du 17 novembre 2018, l'a fait de façon contenue et pensée, se concentrant sur les biens et les fonctions, dans un mouvement de purgation.

Elle a permis à un soulèvement émancipateur de tenir et de résister face à une volonté d'écrasement qui n'a pas hésité à s'attaquer physiquement aux corps pour s'imposer. Face à la destruction assumée du lien social, le mépris et la morgue *d'élites* entièrement consacrées à leur rapport à soi, elle a été une source de joie et de régénération massive, un débouché pour des centaines de milliers de personnes désespérées qui se pensaient,

depuis la crise de 2008, esseulées et individuellement responsables de leur malheur.

Dans une société où ce sont toujours les mêmes
qui souffrent de l'incertitude, de la crainte de la
perte de leur position et de la précarité, elles ont
provoqué une inversion des rôles. Voilà que les
bourgeois et les installés, voilà que les pilleurs et les
profiteurs se mettaient à trembler. Au boulevard
Saint-Germain, j'ai vu les clients du *Flore*, où je
n'ai jamais cessé d'aller, se replier sous les vérandas,
inquiets de ces masses qui soudain s'invitaient
dans leur train-train. J'ai vu ceux qui étaient habi-
tués à dominer trembler. J'ai vu en cette inversion
carnavalesque, instantanée et pourtant trop provi-
soire, ceux qui s'étaient allègrement compromis,
qui avaient oublié la source de leur confort et de
leurs privilèges, qui s'étaient établis sans ne jamais
craindre de contrecoup, s'appuyant sur un environnement médiatique contrôlé, une justice dont
toutes les études sociologiques ont montré qu'elle
ne s'attaquait jamais aux installés, un environnement économique où la mobilité sociale est
inexistante, se sentir soudain menacés.

Et je me suis dit qu'enfin, un sentiment d'appartenance à la collectivité, par cette exposition à ceux
qu'ils avaient exploité, leur revenait.

Cette crainte soudaine – payer pour ce qu'ils
avaient fait – explique pourquoi un producteur de

France Culture et chroniqueur multicarte comme Brice Couturier a réclamé pendant cette période les pleins pouvoirs pour Macron et autres balivernes, tandis que Luc Ferry appelait à faire feu sur la foule. Elle explique pourquoi *Le Monde*, dont la rédaction avait accepté, indifférente, qu'on lui imposa une direction refusée à deux reprises, se sera montré si indécent dans son traitement du mouvement, prétendant chercher à l'expliquer là où tout visait à l'écraser. Elle explique pourquoi soudain, l'on a vu tous ces gens d'habitude si certains d'eux-mêmes, ne cesser de basculer d'une position à l'autre, incapables de comprendre ce qui se jouait.

Ce texte ne s'embarrasse pas de ces incertitudes. Il vise à expliquer et à légitimer la colère qui s'est déployée. Comprendre ce qui s'est joué. Il donne assise et raison à ceux qui se sont mobilisés. Il permet de *démontrer* – le mot est fort, il est justifié – qu'ils ont eu raison. Par les faits, loin de toute idéologie, il montre la nécessité d'un mouvement qui a, trop éphémèrement, fait craindre à ceux qui possédaient, qu'ils pourraient perdre ce qu'ils avaient gagné.

Toute violence est l'expression d'une défaillance politique, c'est-à-dire de la gestion de la conflictualité. Or ce qu'il s'agit maintenant d'exposer, c'est que cette défaillance est le fruit d'un asservissement de nos élites à leur intérêt. Elle est le fruit de mille compromis, manipulations et opérations diverses qui seront apparus à tous, dans l'instant, insignifiants, et auront pourtant débouché sur une crise démocratique majeure, qui ne fait que commencer.

Cette violence, que tant exigent aujourd'hui de condamner, est de *leur* responsabilité, et doit leur être retournée.

Et je le dis avec l'aplomb de celui *qui en a été*.

8

Il me faut pour cela revenir sur l'événement qui enclenche cette enquête. Le 16 octobre 2018, Gabriel Attal, vingt-neuf ans, est nommé par le président de la République, sans annonce au perron, secrétaire d'État auprès du ministre de l'Éducation, en charge de la jeunesse.

Le grand public découvre alors le visage de celui qui vient de devenir le plus jeune ministre de la Ve République sur BFM TV. Au *Monde*[26] et plus encore à *Paris Match*, on s'émeut du parcours fulgurant de ce jeune député des Hauts-de-Seine

---

26. Dont le portrait flagorneur et évidé, dont l'auteur est Alexandre Lemarié, dit beaucoup de l'effondrement du journalisme politique en notre pays.

à l'allure de gendre idéal. Si son nom, qui circulait dans les salons du Petit-Paris depuis plusieurs mois, reste largement inconnu du pays, je sais pour ma part que c'est, une nouvelle fois, un pur produit du système qui vient d'être adoubé, sidérant tous ceux qui auraient pu, à temps, s'y opposer.

L'affaire, discrètement menée, nous intéresse en ce qu'elle nous permet de remonter à la racine des propulsions que nos élites ne cessent de vouloir déguiser. Gabriel a été un camarade de promotion. Comme Manon Aubry, qui deviendra tête de liste de la France insoumise aux européennes, et quelques autres, je l'ai vu s'élancer. Dès l'été 2018, Bruno Jeudy, chroniqueur préféré des mondanités du pouvoir, révélait les goûts littéraires et musicaux de l'illustre progéniture en pas moins de trois articles successifs dans *Paris Match*, l'intronisant au sein du petit gotha d'hommes politiques à qui le magazine, et son propriétaire Arnaud Lagardère, offrent révérence pour les faire connaître des Français[27].

27. Bruno Jeudy, « Gabriel Attal : "J'ai monté le fan-club d'Orelsan à l'Assemblée" », *Paris Match*, 4 août 2018 [En ligne].
Bruno Jeudy, « Gabriel Attal : "Le jour où je rencontre Ingrid Betancourt" », *Paris Match*, 20 août 2018 [En ligne].
Bruno Jeudy, « La jeune garde macroniste se ressource en Bretagne et croise... Jospin », *Paris Match*, 15 août 2018 [En ligne].

Le privilège, exorbitant pour un homme de son âge et de son parcours, fait grincer quelques dents, notamment au sein de La République en marche, où l'on observe avec circonspection celui que certains se plaisent à qualifier de « gommeux ». Posant en pantacourt et chemise blanche, verre de rosé à côté de ses pieds nus, fixant avec assurance la caméra sur les bords de Seine, Gabriel Attal apparaît en l'un de ces reportages si conscient de son pouvoir, si assuré d'une aura que personne jusqu'alors ne lui devinait, qu'il en irrite jusqu'à ses plus proches soutiens. Dans l'indifférence générale, on l'y découvre ouvrant son cœur et dissertant aimablement sur son goût pour Orelsan, *Fort Boyard* ou sa maison dans la très chic Île-aux-Moines. L'intronisation *people* au cœur de l'été, qui promet des lendemains chantants, est surtout le signe de l'intégration à un système qu'il s'agit maintenant de décortiquer.

On ne devient pas le plus jeune ministre de la République par hasard. Quelques mois plus tôt, le jeune député faisait une première apparition dans la *Matinale* de France Inter. Cette opportunité rare, qui permet de s'adresser à l'ensemble du pays, n'est *a priori* offerte qu'aux plus chevronnés des politiciens. L'enjeu en paralyse beaucoup. Censé incarner l'aile gauche de La République en marche, puisqu'issu du Parti socialiste, Attal y dynamitait pourtant avec morgue et suffisance les « bobos gauchistes » de sa génération, qui occupent alors les universités pour s'opposer à Parcoursup, avant d'attaquer avec violence la grève que mènent les cheminots contre la privatisation du service public, exhumant pour cela un terme d'extrême droite, la « gréviculture », dénonçant leur mobilisation et plus généralement, celle d'un pays *incapable de se réformer*.

Sidérant ses interlocuteurs, le nouveau porte-parole de La République en marche se voit ainsi intronisé à vingt-huit ans auprès de l'élite et du grand public. Sa présentation au peuple se fait dans l'imitation la plus pure des codes de ses aînés. Quelques années plus tôt, un certain Emmanuel Macron, lors de sa première intervention en tant que ministre, s'adressait à Jean-Pierre Elkabbach avec la même morgue, parlant des « illettrées de Gad » et montrant une indifférence complète au sort des individus concernés. Quelque chose, dans l'attitude et l'assurance, les distingue des hommes politiques qui jusque-là émergeaient.

Reste que la mécanique est enclenchée. *Le Monde* a beau tenter de l'étriller dans la foulée par la plume de Laurent Telo, lui aussi issu de l'École alsacienne et trop conscient de ce qui se joue, l'absence de travail de l'auteur et la nécessité de se conformer aux exigences du papier glacé l'empêchent de réussir son coup. Les auditeurs ont beau montrer leur furie, reprochant à Attal une arrogance consommée là où, selon eux, il n'a, à son âge, jamais occupé un emploi réel de sa vie, rien n'y fait. L'intrigant en remet une couche quelques semaines plus tard. Invité par le service public dans l'émission *On n'est pas couchés*, il y défend avec aplomb la réforme Parcoursup[28], s'en attribuant la paternité sous le regard bienveillant de Laurent Ruquier et la mine étranglée de ses invités.

Sa première intervention à l'Assemblée nationale, hésitante et doublée d'un léger sourire qu'il n'a eu de cesse de tenter de réprimer, semble déjà oubliée. Malgré des réactions virulentes, le nouvel homme-lige du parti présidentiel semble enivré de son pouvoir. Les mois suivants, il n'hésite pas à surenchérir jusqu'à s'ériger en héraut de la majorité pendant l'affaire Benalla, critiquant les médias et l'opposition pour leurs supposés « excès », avant de s'attaquer, devant Léa Salamé et plusieurs millions de personnes, aux gilets jaunes naissants, glorifié d'avoir été le seul à avoir eu le courage de se rendre à l'émission politique la plus vue du pays.

L'insignifiance produit des effets délétères lorsqu'elle colonise l'État et ses institutions. Le récit du

---

28. *On n'est pas couché*, diffusée le 21 avril 2018 à 23 heures, France 2.

parcours de Gabriel Attal sera notre point d'entrée pour exposer et découvrir la façon dont l'entre-soi fabrique ses soldats.

9

Les crimes ont toujours leurs lieux, et celui où est né notre sujet n'est pas indifférent. Sise au sein du sixième arrondissement de Paris, l'École alsacienne est dirigée par un aimable homme de droite, Pierre de Panafieu. Pendant rive gauche de Franklin – où enseigna Brigitte Macron –, Saint-Dominique et l'École bilingue, l'Alsacienne est le lieu de reproduction et de propulsion des héritiers de l'*intelligentsia* culturelle de Paris, auxquels s'ajoutent au fil des promotions quelques supplétifs provenant des dirigeants politiques et économiques de notre pays. Sous contrat avec l'État, l'école a le contrôle absolu sur les processus de sélection de ses élèves et de son corps professoral. Elle n'est soumise à aucun quota, qu'il soit géographique ou économique. Ainsi on peut s'y reproduire et se socialiser sans crainte d'être contaminé par de mauvaises fréquentations.

Contrairement à bien d'autres institutions scolaires, l'objectif qui y est assumé n'est pas l'excellence, mais « l'émancipation » de ses enfants. À Paris, la concurrence, sans être féroce, est importante entre ces institutions chargées de capter et de propulser les héritages des plus belles familles du pays, et chacune cherche à trouver son créneau. Alors que les villes de province sont le plus souvent dotées d'une ou deux institutions privées faisant référence et s'assurant d'un tri social qui sélectionnera les élites de demain – La Providence à Amiens, Fermat à Toulouse, etc. –, la lutte est plus vive en une capitale où se multiplient les héritages à préserver. Ainsi, à quelques pas du lieu où M. Attal a fait sa scolarité, Stanislas revendique une stricte discipline nourrie par une tradition catholique surannée, tandis que Notre-Dame-de-Sion s'attribue les héritiers les plus irrécupérables, se chargeant de les mener à bon port, cahin-caha, c'est-à-dire à une diplômation minimale qui ne fera pas honte en société. Un peu plus loin, dans l'Ouest parisien, Saint-Dominique lutte, elle, férocement contre Saint-Louis de Gonzague afin de réunir le gotha de la rive droite, tandis que la Bilingue s'ouvre à tous les héritiers de la grande bourgeoisie et diplomatie internationale, en concurrence avec le lycée Charles-de-Gaulle de Londres. Ces écoles aux frais extravagants se répartissent les grandes lignées des bourgeoisies financières et noblesses historiques, sous le regard attentif de Janson-de-Sailly, qui réussit l'exploit, avec quelques autres lycées publics, dont Saint-Louis, grâce à son excellence scientifique, de tenir tête à ces lieux de reproduction sociale en attirant les plus brillants garnements des beaux quartiers. Ailleurs enfin, quelques lieux, comme le lycée de la Légion d'honneur, achèvent un tableau par nécessité incomplet.

L'Alsacienne, dans cet écosystème, a dû lutter pour occuper la place qui est la sienne aujourd'hui. Car il ne s'agit pas seulement de survivre à la concurrence des établissements privés, qui tous entretiennent leur réputation avec soin, enserrant leurs élèves d'un sens du récit et de traditions désuètes pour charmer des parents en quête de distinction. Le solaire rayonnement d'Henri-IV et de Louis-Le-Grand, situés à quelques encablures de la rue Notre-Dame-des-Champs, porte ombre à son sujet. Toisant insolemment les établissements de tout le pays, s'appuyant pour cela sur des réglementations dérogatoires aussi injustes que rassurantes, ils attirent à la fois les meilleurs élèves et les meilleurs professeurs de la nation et rajoutent un filtre de sélection sociale, assurant la reproduction des classes aisées sous couvert d'égalité. On y trouve la fine fleur de l'élite intellectuelle de la rive gauche – qui n'hésite pas à alimenter un marché fait de fausses domiciliations pour y placer ses progénitures au collège, espérant qu'elles seront ainsi ensuite sélectionnées – ainsi que les meilleurs élèves de province qui s'y trouvent exfiltrés, après un processus écartant avec une étonnante constance les plus modestes d'entre eux. Il faut encore ajouter à cette liste déjà longue, et qui donne idée de la réalité de notre « méritocratie », les lycées moins impressionnants mais qui, de Montaigne à Duruy en passant par Lavoisier et Fénelon, savent offrir, à quelques pas de là, une formation d'une qualité incomparable à celle du reste du pays, garantie par le fonctionnement en entonnoir de l'Éducation nationale, attirant des professeurs en fin de carrière auprès d'élèves maîtrisant tous les codes nécessaires à la réussite dans notre système scolaire, à commencer par une affinité naturelle pour des programmes conçus par leurs pairs et à leur première destination.

Survivre et se distinguer dans un tel environnement est une gageure, et l'ensemble des autres lycées parisiens qui se trouvent privés d'une grande partie de leurs élèves les plus favorisés le savent.

L'Alsacienne l'a réussi tout d'abord en raison d'un extraordinaire emplacement, au confluent des cinquième, sixième et quatorzième arrondissements parisiens. Sur les cimes de Port-Royal, à quelques minutes de l'École normale supérieure et de la Sorbonne, l'école offre un environnement sécurisé et aisé à rejoindre, entouré de commerces, bibliothèques et institutions diverses, face à un jardin du Luxembourg où il fait bon se reposer. Offrant la possibilité d'y faire toute sa scolarité, de la troisième de maternelle jusqu'à la terminale, l'école garantit un environnement clos, promettant aux héritiers de la bourgeoisie locale 100 % de réussite au bac général, et une quasi-totalité de mentions.

Péchant par un certain nombre d'insuffisances, dont l'absence de classes préparatoires, l'école se sait incapable de concurrencer les établissements de la montagne Sainte-Geneviève, et préfère dès lors se gargariser d'une réputation humaniste et libérale, qu'elle perpétue en cultivant un entre-soi étouffant dont le seul objectif est de transmettre à ses élèves les codes leur permettant de s'élever au sein de la société. Cela crée un climat particulier qui trouva son acmé à l'orée des années 2010, avec le suicide de deux de ses élèves, dont l'un par défenestration depuis le sixième étage de ses bâtiments. Comme toutes les écoles « sous contrat », l'Alsacienne finance par l'impôt ses professeurs et se contente de prélever auprès des parents d'élèves une dîme de deux mille sept cents euros par an pour en organiser le vivre-ensemble.

La sélection à l'entrée est sévère, et les généalogies et parrainages y comptent tout autant que les résultats scolaires. Un examen ainsi qu'une étude du dossier s'imposent en sixième, afin de contenir les promotions aux alentours des deux cents étudiants. Parfaitement assumée, la cooptation règne en maîtresse, attribuant à qui aurait cousin ou frère déjà scolarisé des places prioritaires. Ici, le dossier scolaire ne compte que partiellement. Les habitus des enfants, leur capacité à se fondre dans le moule, la « valeur » de leurs parents sont tout aussi importants. Aucune chance d'y trouver un enfant d'ouvrier ou de prolétaire, de gardienne ou de femme de ménage du quartier. Celles-ci se tiennent à la lisière de l'établissement, dont les rangs sont bien plus colorés que ceux des enfants, du fait de la présence de nannies, nounous, et autres personnes chargées de remplacer au pied levé des parents débordés, le plus souvent payées au noir et lourdement exploitées.

Dès la sixième, un voyage est organisé afin de faire se mêler l'ensemble des classes et créer un sentiment d'entre-soi qui deviendra bientôt saturant. C'est d'abord l'Alsace, évidemment, en hommage à des fondateurs protestants dont est par ce biais louée la culture. Mais le mythe prend toute sa dimension en cinquième, avec le voyage *à Rome* et ses bobs rouges, que prolongent par la suite les compétitions sportives du « défi » en quatrième, Florence en seconde, et enfin un voyage coorganisé par les élèves en première. À défaut d'exigence scolaire trop marquée – les exclusions et redoublements étant rares, ils font l'objet de prompts remplacements –, l'on apprend à se socialiser entre gens bien nés. Tout est fait pour favoriser au plus vite un sentiment d'appartenance qui permettra le tissage de liens de solidarité indéfectibles tout au long de la vie, qui sauront être rentabilisés à l'instant T.

En ces lieux, difficile de faire une mauvaise rencontre, au sens le plus bourgeois du terme. Chacun sait se sentir redevable et respectueux de qui lui aura été, dès le plus jeune âge, imposé, et accepter les dons et contre-dons proposés. La question sociale devenue un non-sujet, la remise en question de l'ordre existant apparaît comme une absurdité. Certes, les enfants des grandes familles ne fréquenteront guère les quelques bobos des arrondissements périphériques qui s'y glisseront par effraction. Et ces derniers se trouveront bien vite écartés.

L'école joue à ce titre, avec quelques autres, un rôle fondamental dans l'endogamie de nos élites et l'assurance que leurs privilèges ne seront jamais questionnés. Les différences de fortune et de statut n'interdisent pas, certes, à l'intérieur de ce microcosme, la multiplication de castes diverses. Mais il s'agit encore par ce biais d'habituer aux distinctions et de les rendre naturelles, afin de favoriser l'apprentissage d'une obéissance et d'une domination qui perdureront.

Alors que les promotions comptent en moyenne six classes, ceux qui y sont scolarisés depuis la troisième de maternelle bénéficient de protections et d'un avantage indéniable sur les arrivants plus tardifs, formant une véritable solidarité de corps qui se prolonge bien au-delà des différences que l'enfance et l'adolescence savent fabriquer. L'accès aux différents groupes qui se constituent au fil des ans est socialement réglementé par une myriade de critères mêlant ressources économiques, capacité à reproduire les codes et canons esthétiques. La cantine, lieu de toutes les mixités, est vite remplacée par les restaurants aux alentours, en ce très cher Quartier latin où peu à peu s'affirment les distinctions. Au cœur de la reproduction des élites, on ne badine pas avec des processus d'intégration qui amèneront plus tard les étudiants ayant raté les concours des grandes écoles à trouver des passe-relles grâce à un concubinage avec un ou une élève de l'Alsacienne, et permettront à certains cadres de la Macronie de trouver là vecteur à leur montée.

S'insérer au sein d'une fabrique à élites est une chose difficile. Le mutisme et le silence s'imposent à qui tenterait d'en percer les secrets. Très particulière et fermée, jonchée de codes et d'habitus sociaux que les journalistes prennent rarement la peine d'expliquer, l'endogamie parisienne se trouve renforcée par une importante dose d'inconscience des privilèges dans lesquels ces êtres se trouvent dès l'enfance. Cette déprise démocratique trouble notre démocratie et empêche le renouvellement nécessaire « d'élites » qui, aveuglées par un système scolaire qu'elles persistent à qualifier de méritocratique malgré l'accumulation d'études le contredisant, se sont pas à pas isolées.

Il se trouve que je n'ai pas ce souci, puisque, très rapidement, l'on m'y a adopté. Après une scolarité effectuée dans le public, l'inquiétude maternelle a imposé un choix qui me propulse dans cette institution, ce que je regretterai longtemps. Dès la sixième, je vais avoir l'opportunité d'y rencontrer le futur ministre, ainsi que de nombreux autres qui émergeront, et que je ne cesserai d'esquiver.

La rupture avec l'école publique est radicale. Ceux qui ont fait toute leur scolarité dans ce petit havre de paix où la diversité sociale est inexistante, disposent, dès le plus jeune âge, d'un avantage immense sur le reste de la population : la maîtrise des codes, des réseaux et habitus sociaux qui gouvernent l'entre-soi parisien et permettent de consacrer ceux qui seront demain destinés à nous gouverner. Princes d'une école où les hiérarchies se constituent à l'ancienneté, primant les cohortes arrivant en sixième, et tous ceux qui, isolés, auront à tracer leur voie pas à pas, les primo-arrivants occupent, dès leur plus tendre enfance, une de ces positions privilégiées qui, par les liens anciens et le cumul d'information sur leurs pairs, garantiront leur insertion au sein du gotha. On aura deviné à quelle catégorie Gabriel Attal appartenait.

Très vite, le futur ministre s'y distingue par son aisance, la distribution et le partage des capitaux sociaux, économiques et symboliques que chacun est censé apporter. De l'art oratoire aux connaissances les plus fines en passant par les grandes propriétés et les réseaux les plus divers, la cour de récréation est un immense espace marchand où partout gisent des consommateurs inconscients et où s'érigent régnants et défaits qui apprennent à se situer. C'est là le miracle des dispositifs de reproduction : faire croire à chacun, dès le plus jeune âge, qu'il ne se trouve de nulle façon favorisé ou défavorisé, et que tout rapport à l'autre est le fruit de leur individualité.

La chose prend des proportions ahurissantes en ces lieux-là, et l'on va très vite comprendre pourquoi. Dans la promotion de 2007, dont sera issu Gabriel

Attal, pouvaient ainsi se croiser, de façon non exhaustive, la petite fille de Valéry Giscard d'Estaing et fille du P.-D.G. du Club Med, celle du P.-D.G. d'Archos, par ailleurs sœur du futur patron d'Uber France, un des héritiers Seydoux, la fratrie issue des producteurs de cinéma Godot, les lointains héritiers du général de Hauteclocque, les grandes lignées des de Gallard, de Lantivy et de Lastours, la fille du patron de presse Bernard Zekri et celle du fondateur d'A.P.C. Jean Touitou, le petit-fils du banquier Michel Pébereau, la fille du président de l'American University of Paris, Gerardo Della Paolera, et ainsi de suite. Des grands cadres d'entreprises du CAC 40, avocats et autres hauts fonctionnaires à l'Unesco, le fils du proviseur d'Henri-IV... complétaient le tableau, et accompagnaient une minorité de descendants d'artistes, de professeurs et de classes intellectuelles dites laborieuses que les promotions environnantes enrichissaient naturellement : Olivennes, Bussereau, Breton, Peillon et autres patronymes de ministres et hommes et femmes de pouvoir y apparaissaient comme autant de noms auxquels, dans la banalité de l'entre-soi, plus personne ne prêtait attention, et qui venaient accompagner ceux qui, d'Huppert à Scott-Thomas, maintenaient encore un reste d'aura.

Il faut concevoir ce que l'illusion méritocratique fait pour masquer cette extraordinaire concentration de richesses et de privilèges. Elle laisse dépeuplées les classes des autres collèges et lycées, favorisant les processus d'accoutumance et grimant en fatalité sociale un pouvoir que l'on prétendra ensuite sans effet sur les destinées. À trois kilomètres de l'Alsacienne, un lycée où j'ai enseigné, théoriquement doté des mêmes moyens, atteindra péniblement les cinquante pour cent de réussite au bac général, et il me faudra réveiller des élèves de terminale anesthésiés pour leur demander s'ils croient véritablement qu'une différence de nature explique qu'à quelques kilomètres de distance, leurs chances de réussite soient plusieurs dizaines de fois moindres que celles de leurs congénères voisins. Rien n'y fera, l'aveuglement provoqué par un système oligarchique obsédé par la reproduction du même, produit des effets similaires chez les dominants et les dominés.

Gabriel, scolarisé à l'Alsacienne depuis la maternelle, fait partie des plus aisés. Le cumul de capital social, économique et symbolique offert par ces années de formation va constituer le carburant d'une ascension express qui le favorisera dans les processus de cooptation mis en place par des *élites* politiques en quête de fantassins, sans pour cela n'avoir jamais eu à produire ou démontrer quoi que ce soit, si ce n'est sa capacité naturelle à se laisser intégrer en montrant sa maîtrise des codes, son aisance dans le *bien-paraître* et la reproduction des comportements bourgeois qui dans la société sont, à force de matraquage culturel et idéologique, encore largement perçus comme les plus élevés. Disposant de l'ensemble des ressources que l'élite peut offrir aux siens, Attal va s'y appuyer pour toiser ceux qui, aînés parfois de plusieurs décennies, ont pourtant un parcours qu'il ne saurait égaler.

Il faut mesurer l'assurance, la certitude d'être unique et particulier qu'offre la réussite dans un système clanique et aveugle drapé des oripeaux de l'objectivité et de l'universalité. Si M. Macron s'inquiétait de la disparition de la figure du Roi, il ne semble pas avoir compris – lui qui consacrera cinq années de sa vie à tenter d'arracher l'un des concours de la République – à quel point la République en a mimé les us par le truchement de ses concours. Ayant remplacé le droit divin par l'absconse et dévoyée notion de mérite, nos dirigeants continuent aujourd'hui, par ces dispositifs, de se considérer comme élus. Ainsi nos élites ont-elles constitué au fil des temps une multitude de parcours initiatiques dont l'accès leur aura progressivement, malgré les apparences, été réservé. Alors que toutes les études sociologiques démontrent qu'il est devenu impossible aux enfants d'ouvriers de réussir les plus prestigieux concours de la République, nos dominants considèrent encore qu'une mise en concurrence égalitaire existe, là où seule une concurrence entre gens bien nés est désormais organisée[29].

---

29. Les rares intrus, provenant des milieux plus modestes, mis en avant pour démontrer « qu'il est possible de s'en tirer », ne masqueront jamais rien, à l'évidence, à savoir qu'aujourd'hui, dans les grandes écoles de la République, pas plus de deux pour cent d'enfants d'ouvriers, pourtant dix fois plus nombreux dans la société, ne sont admis. On devinera les effets pervers d'un tel système, où l'ignorance faisant naître une motivation redoublée, les rares membres des classes défavorisées ayant réussi à se faufiler pourront se muer en défenseurs ardents d'un système qui écrase les leurs, mais qui leur aura offert la possibilité de se distinguer et de mettre à distance la misère qui les cernait.

10

Lieu de toutes les contradictions pour une gauche bourgeoise se disant attachée à l'idée républicaine mais qui se refuse à mêler ses enfants à ceux de la plèbe, l'Alsacienne est peut-être l'exemple le plus symptomatique des dérives de notre système, produisant naturellement une pensée de droite qui s'ignore, convaincue de son bon droit tant elle est aveuglée par son isolement du reste de la société, autorisant à se croire allié du camp du progrès en défendant des idées qui ne menacent en rien les intérêts installés.

Aîné d'une fratrie issue de l'avocat et producteur Yves Attal, Gabriel adopte très tôt des comportements plus compatibles avec les grands lycées de la rive droite, où le mépris et l'assurance de classe font système, qu'à l'Alsacienne, où nous l'avons vu, la bienséance empêche toute affirmation trop marquée.

Rien ne semble le prédestiner à un engagement progressiste. À l'Alsacienne, la précarité de nombreux patrimoines économiques de classes bourgeoises en ascension ou cherchant à se reproduire et s'installer, incite à la modestie et la prudence, à une forme d'urbanité drapée des valeurs d'un « vivre-ensemble » qu'Attal rejettera avec véhémence. Il bénéficie d'un des plus importants capitaux économiques de l'institution et d'un capital culturel et social qui se double des troubles que les transfuges de classe lèguent parfois à leurs enfants. Son père, mort en 2015, a fondé sa réussite en ayant fait régner en maître les avocats d'affaires au cours des années quatre-vingt. Il a fondé un cabinet qui l'a amené à s'occuper des successions et des patrimoines d'artistes fortunés.

Nourri aux évolutions d'un milieu qui, à la fin de la décennie, fait régner l'argent en maître et donne naissance aux premières dynasties culturelles de Paris – par la grâce de politiques généreuses inaugurées sous la direction de Jack Lang –, Yves Attal comprend vite ce que la diversification des sources du financement du cinéma français peut lui apporter. Suivant une carrière structurée et mondaine, après s'être constitué un important réseau *via* son cabinet, il se rapproche de l'industrie cinématographique en montant des financements de films d'auteur, avant d'être recruté, pour un salaire millionnaire, par Francis Bouygues. Il participe à la folle aventure de Ciby 2000[30], dont il devient à l'orée des années quatre-vingt-dix le vice-président et un éphémère pilier bureaucratique.

Sous la couverture de producteurs mythiques comme Daniel Toscan du Plantier, censé apporter un carnet d'adresses conséquent, Yves Attal participe à l'une des plus légendaires faillites de l'histoire du cinéma français : la mise en œuvre d'un plan de production consistant à dépenser 800 millions de francs (120 millions d'euros) à destination des réalisateurs et auteurs les plus exigeants. Alors que Martin Bouygues reprend l'empire familial, Francis Bouygues décide de se vouer corps et âme à cette entreprise. Il s'engage à une réinvention du système de production qui est censé faire concurrence à Hollywood. Les arrivistes et ambitieux de toute l'Europe se pressent auprès de ses dirigeants pour en tirer des millions. La vanité règne en maître dans cette aventure sans cadre ni pensée,

---

30. Pierre de Gasquet, « Bouygues se lance dans le négoce de films », *Les Échos*, 17 février 1992 [En ligne].

qui signe l'accouplement des élites culturelles de la rive gauche avec l'une des plus grandes lignées de l'ouest de la capitale et son immense patrimoine financier, sous le regard bienveillant d'un socialisme dépérissant. L'affaire va tourner court. Alors qu'Attal vient d'être nommé, la droite revient au pouvoir et Francis Bouygues, malade, donne les clefs de la nouvelle structure de production à Jean-Claude Fleury. Ce dernier prend le pouvoir et pousse Yves Attal à la démission. À ce premier échec va succéder un second, plus douloureux encore, au sein d'UGC Images. Définitif celui-là.

11

Nous sommes en 2005, le jeune Gabriel se revendique à ce moment d'une pensée de droite. Élevant très haut l'étendard d'un libéralisme flamboyant là où tous méprisent son incarnation, un Nicolas Sarkozy qui ne dispose d'aucun des codes de leur société, le jeune adolescent fait preuve d'une assurance assumée, empreinte d'un esprit de sérieux vindicatif dont il ne se départit jamais. Cette arrogance naturelle ne se tait que lorsqu'il se trouve face à l'héritier d'une grande famille et se transforme alors en aspiration. Au sein d'une école où la domination se construit silencieuse, Gabriel dénote et fait grand bruit.

Comme toute école d'élite, l'Alsacienne est un lieu cruel pour qui n'en dispose pas des clefs.

Quelques *outsiders*, généralement recrutés pour leur très bon dossier scolaire ou dans une classe musicale faite pour attirer les talents extérieurs, sont le plus souvent le fruit des campagnes d'ostracisation orchestrées par les plus intégrés. À eux dont l'habit, le nom, l'accent ou d'autres petits gestes trahissent l'origine sociale, culturelle ou économique différenciée, sont destinés les dispositifs d'exclusion les plus manifestes.

Il n'est pas rare que des dommages collatéraux d'importance révèlent l'ampleur des concentrations de pouvoir entre les mains de quelques-uns, atteignant parfois les professeurs. J'ai ainsi vu en seconde une année tourner à la catastrophe, dans une ambiance de jouissance et de clameur généralisée. On obtient ainsi le scalp de professeurs, en un jeu de massacre qui ne semble pas avoir de fin. L'accumulation de privilèges, les facilités offertes par leur *background* culturel, l'endogamie absolue et l'absence d'enjeux scolaires font naître un climat de guerre de classes impossible à encadrer par l'établissement. Les élèves se montrent trop conscients de leur supériorité sur leurs superviseurs et professeurs. Les plus fragiles de ces derniers, loin des matières nobles ou d'une origine sociale installée, ne maîtrisant pas les codes d'une bourgeoisie agressive, tombent dans l'escarcelle d'élèves, ceux-là mêmes qui jusqu'alors les méprisaient. Ils trouvent dans la révolte contre les tenants de l'ordre qui les écrasent un défouloir inespéré. L'alliance est étrange, mais fonctionne à plein. Derrière l'accumulation des privilèges se masquent souvent des situations de déshérence familiale extrême, où l'ambition forcenée déstructure et déshumanise à marche forcée.

Si Sciences Po, HEC et parfois Assas ou Polytechnique peuvent faire gloser les élèves – tant chacun apparaît comme le garant d'une reproduction sociale réussie –, c'est bien plus à la comparaison de leurs résidences secondaires, des jeans Diesel à la mode ou des soirées qui commencent à mêler la fine fleur de l'école, que se destinent principalement les discussions. Tout est affaire de reconnaissance sociale. En cela, l'école est un magnifique laboratoire de ce que deviendra notre société, où ne réussissent que des individus sélectionnés par leur capacité à tenir l'apparence de domination, les us et coutumes de la caste, et jamais leur capacité à produire du fond. Démontrer son courage, se sacrifier au nom d'une idée, s'engager sont ici des notions farfelues.

Les groupes de rock financés par les parents et relayés dans l'espace médiatique par leurs amis, dont les Second Sex seront à cette époque l'exemple le plus réussi – et, par leur médiocrité abyssale, le plus symptomatique –, créent des contre-hiérarchies spectaculaires qui permettent à l'école de rayonner et à ses membres de rompre l'impression d'appartenance à un espace de seconde zone au sein de l'oligarchie parisienne. Ainsi ne s'étonnera-t-on guère que l'une des rares personnes à s'être distinguée très en amont dans la même promotion que Gabriel Attal se trouve la chanteuse de variété Joyce Jonathan, propulsée de façon éphémère dans les *charts* grâce à un savant mélange de production de l'existant et d'assise sociale, qui génèrera toute une série de carrières moins impressionnantes, mais tout aussi installées, chez nombre de ses congénères.

Dans une société où la chose intellectuelle est dévalorisée, peu ou point de chercheurs, de grands scientifiques ou intellectuels, d'industriels et de grands reporters, sortent d'une institution chargée d'installer plutôt que d'exiger. Son confort économique étant garanti, Attal va choisir très tôt la politique, et faire tout pour y être couronné. Le livre de souvenirs de fin de terminale, en 2007, sera pour lui l'opportunité de reproduire en pleine page son visage sur le portrait présidentiel de Georges Pompidou, là où tous se contentaient de photomontages amicaux.

La Macronie, en manque de jeunes cadres adhérant sans porter autre chose qu'une ambition de conformation, était l'écrin idéal pour ce jeune garçon. Gabriel Attal voulant faire au plus vite, il lui importe de ne rien sacrifier. La lutte pour l'intégration féroce qui autorise tous les coups à l'Alsacienne préfigure celle qui dominera les cercles parisiens, l'âge adulte atteint. Cour de récréation devenue lieu d'entraînement, l'école singe tous les dispositifs des pouvoirs. On ne s'y regarde et ne s'y distingue que par l'apparence. Creuset idéal pour une société médiatique où la politique sans substance d'un pouvoir au conformisme délirant s'est imposée sans contestation, elle va être le lieu de toutes les formations pour Attal, jusqu'à sa nomination, alors qu'il n'a jamais connu ni l'université ni l'école publique, auprès d'un ministre de l'Éducation chargé de les réguler.

Là où les élèves d'Henri-IV et de quelques autres établissements doivent s'épuiser à montrer leur talent pour intégrer les meilleures grandes écoles, il suffit, à l'Alsacienne, de se montrer galant.

Gabriel, inscrit au pic de la carrière paternelle à l'École alsacienne, se trouve pourtant confronté à des torsions intimes croissantes. Enserrant ses pairs et ses tiers d'une morgue enragée, traitant quiconque le menacerait avec une violence insigne pour se protéger, il revendique un mépris de classe dont il ne se départira plus. Sa mère, descendante de l'une des plus prestigieuses branches de l'aristocratie angevine, doit, en pleine scolarité et contre toute attente, prendre en charge la famille, et maintenir en vie une union qui aurait dû consacrer l'une de ces grandes alliances entre fortune et noblesse et risque maintenant d'emporter sa branche et ses enfants.

Voilà le point de bascule, qui permet peut-être de comprendre, comme pour Emmanuel Macron et la rupture qu'il va engager avec son père, ce qui va constituer à la fois la singularité et la vulnérabilité de Gabriel, qui se trouve projeté dans un monde pris de si haut qu'il risque maintenant de l'effondrer.

L'École alsacienne est un lieu idéal pour se sauver, lorsqu'on détient de grandes aisances financières et qu'on peut revendiquer des assises nobiliaires ouvrant les portes des plus grand rallyes, pour peu qu'on soit prêt à quelques menus marchandages pour négocier sa part de capital et la mêler. C'est ce que va rapidement faire le jeune Gabriel avec l'aide de son cousin et de la branche aristocratique de sa famille – elle aussi scolarisée en ces lieux. Revendiquant ses origines royales et des liens avec l'aristocratie russe, s'entourant tôt d'une petite cour, il se rapproche de l'héritière Giscard, se trouve invité en son domaine où il fait la cour à son idole de l'instant, Valéry, et commence à tracer son chemin, en un monde qui risque, croit-il, à tout moment de l'expulser, et où la précarité économique menace de s'infiltrer.

12

Il reste à provoquer sa chance et, à défaut de donner du contenu aux ambitions, à s'imposer. La chose n'est pas acquise, car si Attal domine en un espace social où le contentement et la saturation des privilèges dominent, il est attendu de lui qu'il apprenne à se *distinguer*.

La chance souriant aux téméraires, c'est sa rencontre avec Alexandra, petite-fille d'Alain Touraine et fille de Marisol, hiérarque socialiste, qui lui en donnera l'occasion. Attal n'opère pas par conviction, il cherche à légitimer les ambitions qu'il porte en s'associant à un prétendant politique qui, de droite ou de gauche, l'emportera.

Trotskiste méprisant les sociaux-traîtres de l'école et ses pairs, Alexandra, qui finira à HEC, se trouve alors relativement isolée dans un monde dont elle perçoit les limites sans savoir les contourner. Elle se laisse fasciner par l'attention que lui porte soudain un de ses plus flamboyants acolytes. Prise dans les problématiques des très grandes familles, entre l'héritage maternel de son appartenance à la grande aristocratie et un père qui est l'un des diplomates les plus puissants du pays, en proie aux désordres nourris dans les lignées issues de liaisons entre femmes et hommes de pouvoir, la famille qui fera les unes des magazines *people* trouve en ce garçon aux manières de jeune premier, qui s'apprête à devenir bon élève à l'orée du baccalauréat, une respiration qui va les alimenter. Séduite par son outrance et son goût de la transgression autant que par l'aisance qu'il démontre en des lieux où elle se sent maladroite, Alexandra l'introduit dans son cercle familial, lui offrant ainsi les clefs de son ascension de demain.

C'est au long de ce chemin qui mêle fréquentations heureuses, soirées mondaines et week-ends dans de grandes propriétés qu'intervient un de ces micro-événements qui pourraient surprendre qui ne connaît pas ces milieux. En quête d'ascension, Gabriel et Alexandra ont l'idée saugrenue de revendiquer les particules que leurs parents avaient décidé d'abandonner. Par un geste qui ne surprend pas la direction de l'école tant il est devenu commun, l'un et l'autre demandent que soit rappelée leur appartenance nobiliaire. C'est ainsi qu'à la surprise de ses camarades, Gabriel Attal devient au lycée Attal de Couriss, lors des appels faits par les professeurs, et sa camarade devient Reveyrand de Menthon.

Adepte des tours de force et des provocations, séduisant Marisol Touraine, Attal se voit dans la foulée autorisé à mettre un pied dans la campagne de Ségolène Royal pour les présidentielles de 2007. Il abandonne brutalement ses discours ultralibéraux. Celui qui s'activait en faveur des idées les plus dures, qui ne cessait de revendiquer un mélange d'opinions ultralibérales et de conservatisme social exacerbé, se mue, à la surprise générale, en un socialiste bon teint.

À pas encore dix-huit ans, M. Attal de Couriss, qui n'a rien perdu de cette assurance ravageuse qui séduit ses interlocutrices depuis le collège, obtient son bac avec aisance, quitte l'école qui l'a pouponné depuis l'enfance et intègre à quelques pas de là Sciences Po, où il va remettre en place le brillant dispositif déployé au lycée.

Adoubé par la « méritocratie républicaine », doté d'une intelligence que le système vient de sanctifier, n'ayant jamais connu l'échec, il s'y montre toujours plus conforme à sa classe, invitant ses pairs les plus privilégiés entre château et villégiature d'été, se tissant un réseau, troquant l'exposition de ses origines[31] contre une soudaine adhésion au progressisme, se montrant en somme prêt à se mettre au service d'un projet politique qu'il aurait la veille voué aux gémonies.

Dans sa promotion de Sciences Po, pas moins de douze étudiants viennent d'Henri-IV, tandis que les anciens de l'Alsacienne y bénéficient du privilège qu'octroie la connaissance parfaite du quartier et d'un conditionnement culturel qui les y a directement préparés. S'y trouvant en position de surplomb par rapport à l'immense majorité de leurs camarades, les *alsaciens* bénéficient d'une « prime sociale » leur permettant d'attirer les anciens camarades de lycée qui, ayant échoué ou renoncé au concours, inquiètent leurs parents et doivent réfléchir aux dispositifs qui assureront leur préservation au sein des élites parisiennes.

Gabriel Attal, qui continue à se faire remarquer, peut se présenter à la direction de la section

---

31. Sa particule, encore présente lors de son admission à Sciences Po, disparaîtra rapidement. Profil de Gabriel Attal de Couriss, *L'Association des Sciences-Po*, Disponible sur <https://www.sciences-po.asso.fr/profil/gabriel.attaldecouriss13> [En ligne].

Sciences Po d'un PS qu'il admettait quelques mois auparavant détester férocement. Il y croise la future tête de liste aux européennes de la France insoumise, Manon Aubry, tout en tentant de s'imposer par le truchement d'un ami de la famille comme l'homme fort des comités de soutien à Ingrid Betancourt, y trouvant là une ressource supplémentaire pour construire des réseaux verticaux parfaitement complémentaires de l'assise sociale que lui apporte son intégration à Sciences Po.

Le vernis d'engagement dont il se dote peine cependant à masquer sa volonté de dominer. Installé à Vanves, à quelques pas de l'appartement que ses parents financent, il tente de s'imposer dans la section locale du Parti socialiste, organisant une visite de Marisol Touraine, qui lui permet d'être présenté et adoubé par le secrétaire socialiste et conseiller municipal d'opposition. Celui-ci lui laissera sa place après leur échec aux élections de 2014. Intronisé comme son successeur au conseil municipal, Attal sera, de cette trahison, « un brin embarrassé[32] ».

Cet échec ne le refroidissant pas, il tente de se rapprocher de l'*intelligentsia* socialiste. Ses relations avec la famille Betancourt lui ont permis d'élargir ses réseaux politiques, sa tentative d'inscription

---

32. « Conseiller de Marisol Touraine… Et dans l'opposition locale », *Le Parisien*, 8 avril 2014 [En ligne].

dans la roue du coordinateur national Hervé Marro, qui deviendra rapidement conseiller à la mairie de Paris, ne donne rien, mais lui permet d'être présent sur le tarmac de Villacoublay lors de la libération d'Ingrid Betancourt, en un événement lacrymal longuement raconté à *Paris Match* dans l'un des articles de l'été 2018. Il décide d'effacer alors à nouveau une particule qu'il arborait encore en première année à Sciences Po, mais n'hésitera pas à mobiliser lorsque cela lui conviendra[33].

Reste que la prise de la section PS de Sciences Po[34] se heurte à un mur, et se double de difficultés scolaires. Il doit faire le choix en troisième année d'un stage plutôt que d'une université. Il porte son choix sur la Villa Médicis où il se déploie pendant près d'un an.

La période est rude et fait deviner à Attal les difficultés qui l'attendront à la sortie des cocons où il a été jusqu'alors préservé. À Sciences Po, la concurrence s'impose avec d'autres héritiers qui montrent une tout aussi importante rapacité. Il lui faut redoubler ses efforts, et le voilà qui s'inscrit en licence de

33. Gabriel Attal, « Profession de foi de Gabriel, candidat à l'élection de secrétaire de section », *Blog des socialistes de Sciences Po*, 14 septembre 2010 [En ligne].

34. Gabriel Attal, « Primaire de gauche : six concurrents, Nicolas Sarkozy comme seul adversaire », *L'Obs*, 23 septembre 2011 [En ligne].

droit à Assas. Soutien à François Hollande lors des primaires socialistes de 2011, il tente à nouveau, *via* Marisol Touraine, d'approcher son équipe de campagne en rédigeant des notes à l'attention de Pierre Moscovici. Mais, à nouveau, cela ne donne rien. Et la liste étudiante à laquelle il participe afin d'organiser les soirées de Sciences Po, vecteur d'intégration primaire dans l'institution, n'obtient pas non plus les suffrages, provoquant même les railleries[35]. Son hommage au directeur défunt de Sciences Po, Richard Descoings, sur la plateforme collaborative « Le Plus », revendiquant en filigrane une proximité inexistante, n'ouvre aucune des portes espérées. Voilà qui commence à inquiéter.

Miracle cependant. Alexandra a réussi à rattraper son retard en premier cycle et son échec à Henri-IV. Elle intègre Sciences Po avec un an de décalage, permettant à Gabriel de renouer avec un fil qui menaçait de se délier. Devant obtenir une expérience professionnelle avant son diplôme, Attal décroche un stage auprès de Marisol Touraine. Nous sommes en janvier 2012, en pleine campagne présidentielle, et sa protectrice est chargée du pôle affaires sociales, qui devrait revenir à Martine Aubry une fois le gouvernement

---

35. Sim Bozko, « Élection BDE 4/4 – *Tabula Rasa* : des insatis-faits pour mieux rénover ? », *lapeniche*, 9 mai 2010 [En ligne].

formé. Ce qui ne devait être qu'un pis-aller se transforme, par une carambole du destin, en une piste de lancement. À la faveur d'une série de hasards similaires à ceux qui propulseront cinq ans plus tard M. Macron à Bercy, et à la suite du refus de Martine Aubry d'occuper son ministère, le poste est proposé à celle dont la prestigieuse parentèle – Alain Touraine occupe une position écrasante dans la seconde gauche – a ouvert de nombreuses portes. Dans un environnement misogyne, bien que chargée de ce sujet depuis des années, elle ne s'y attendait plus. Et doit constituer de façon précipitée son cabinet.

Dans un gouvernement sans ambitions ni idées, portée par une campagne qui n'a servi qu'à consacrer les plus insignifiants, voilà celle que l'on promettait au mieux à un secrétariat d'État propulsée nouvelle ministre des Affaires sociales et de la santé, poids lourd dotée de moyens extraordinaires pour appliquer une politique de gauche tant attendue. Elle doit, pour cela, se constituer un entourage qui, à défaut de compétents ou d'engagés, saura la protéger. Gabriel, qui ne connaît d'évidence rien à ces questions, n'a pas encore exercé de fonctions professionnelles, ne dispose d'aucune spécialité universitaire, et qui vient d'apprendre qu'il devra redoubler sa dernière année à Sciences Po, se voit proposer d'intégrer le cabinet du plus important ministère du gouvernement, au poste de conseiller à titre plein.

Son stage à la Villa Médicis est alors sa seule « expérience professionnelle ». Elle le restera jusqu'à sa nomination aux plus prestigieuses fonctions de l'État.

Gabriel Attal, à peine vingt-trois ans, obtient, par effets de proximités successives, un salaire qui le situe *de facto* parmi les personnes les mieux rémunérées du pays. Il est doté de deux secrétaires, a accès au restaurant gastronomique et aux voitures de fonction du cabinet. Il obtient même son master l'année suivante sans avoir redoublé, notamment grâce à un arrangement passé avec la direction de SciencesPo et une validation d'acquis octroyée par un futur conseiller d'Édouard Philippe, François-Antoine Mariani. Ainsi l'institution excelle à couver ceux qui en auront le surlendemain la tutelle et prolongeront sa domination.

Nous sommes en 2012, et Attal est prêt à embrasser son destin.

13

Qui ne perçoit les étranges parallélismes avec un destin qui mènerait un individu de trente-neuf ans à devenir le plus jeune président de la République nous lise attentivement. Répétons-le, tant cela pourrait sembler absurde : à vingt-trois ans, sans expérience professionnelle préalable ni diplôme à revendiquer, sans compétence ni spécialité, un jeune homme ayant perdu sa particule accède à l'un des plus importants postes de la République, en tire une rémunération qui va rapidement atteindre six mille euros par mois, primes incluses, ainsi que les avantages que tout régime octroie habituellement à ses plus illustres serviteurs.

En charge des relations avec le Parlement, il est censé organiser la garde prétorienne de la nouvelle ministre. Dans un excès de vanité, il fait recruter immédiatement un de ses camarades de promotion, Quentin Lafay, comme chargé de mission. Doté d'un pouvoir d'autorité sur l'une des plus importantes administrations de France, dirigeant assistants, stagiaires et chargés de mission, se socialisant auprès de la fine fleur de la République, Attal doit subir l'autorité d'un certain Benjamin Griveaux, élu du conseil général de Saône-et-Loire et futur-ex-maire de Chalon.

Ancien camarade d'Ismaël Emelien, socialiste de passage, Griveaux a été recruté dans le cabinet de Marisol Touraine comme conseiller politique. Sans expérience professionnelle préalable remarquable, il gagne déjà, sur fonds d'État, plus de dix mille euros par mois, auxquels s'ajoutent plus de trois mille euros d'indemnités d'élu local. Il n'hésitera pas, cependant, à partir en 2014 chez Unibail Rodamco, pour accroître sa rémunération et atteindre près de dix-sept mille euros par mois. Rien d'illégal dans ce salaire octroyé par une entreprise dépendant de la commande publique, qui finance grassement d'anciens serviteurs de l'État afin d'exploiter leurs réseaux et d'en faire de fervents défenseurs de ses intérêts, au détriment du bien commun. Recruté selon *L'Express* pour s'assurer qu'une niche fiscale ne serait pas supprimée, après un parcours très classique l'ayant amené de la grande demeure avec piscine et voitures de sport qu'il habitait, à Chalon-sur-Saône, à HEC, après un passage par l'internat privé et Sciences Po, il reviendra ensuite « aux affaires » comme porte-parole du gouvernement, nommé par Emmanuel Macron avec qui il partage une « amitié » commune : un certain Bernard Mourad, qui n'hésitera pas à nous envoyer par écrit les dernières rumeurs visant à couler son meilleur ami. Un maroquin minis-tériel où Griveaux prétendra défendre l'intérêt général qu'il venait de piétiner, avant qu'à force de provocations, un transpalette ne vienne l'effrayer.

Ces allers retours sont productifs pour tous les acteurs. Ainsi, Benjamin Griveaux, alors qu'il est déjà salarié de la campagne d'Emmanuel Macron – et rémunéré à hauteur de six mille euros par mois – est-il sollicité afin de demander à son ancien employeur Unibail de réduire les tarifs de location du Palais d'expositions de Porte de Versailles pour le grand meeting du candidat[36].

Au ministère, avenue de Ségur, Gabriel Attal est vite à son aise. Entouré d'êtres sans idées, sans ambitions autres que pour eux-mêmes, il se voit présenter à un jeune héritier de la bourgeoisie

---

36. Il aura fallu, pour découvrir ces informations, éplucher les plusieurs dizaines de milliers d'emails contenus dans les Macronleaks, dont celui du 1er décembre 2017 de Cédric O a destination de Jean-Marie Girier.

versaillaise : Stéphane Séjourné. Le futur conseiller politique d'Emmanuel Macron est passé par les très chics lycées français de Mexico et de Madrid. En poste au cabinet du président de région socialiste Jean-Paul Huchon, après de menues tâches de lobbying, il s'apprête, à trente ans, à mobiliser le courant « La Relève » du MJS et les réseaux moscovicistes pour devenir le conseiller du futur président de la République[37].

L'affaire est enclenchée. Alors que le pouvoir socialiste s'effondre, de jeunes intrigants n'ayant jamais montré la moindre capacité à la pensée ou à l'engagement, n'ayant jamais été au contact du réel ni éprouvé la moindre difficulté, n'ayant attesté aucune compétence particulière autre que celle de s'afficher autoritaires ou cinglants, préparent la relève. Après avoir soutenu Pierre Moscovici, et s'être trouvés orphelins après l'exfiltration de celui-ci à la Commission européenne, eux qui s'espéraient consacrés en 2017 par le Parti socialiste, doivent en accepter l'effondrement. Sans trop y croire, ils invitent alors l'une des valeurs montantes des élites parisiennes, un certain Emmanuel Macron, à dîner. Séjourné s'y fait valoir

---

37. « La simple évocation du nom de Séjourné suffit à faire blêmir ou frémir n'importe quel élu de la majorité ».
Clément Pétreault, « Stéphane Séjourné, l'œil de Macron », *Le Point*, 12 octobre 2017 [En ligne].

tandis que Benjamin Griveaux s'oppose à Arnaud Montebourg, pensant sans doute pouvoir un jour lui faire concurrence. Son échec le pousse à s'introduire, via son ami Emelien, à son tour auprès du dit Emmanuel Macron, où il sera plus tard rejoint par Gabriel Attal.

L'affaire reste cependant difficile à mener, et Emmanuel Macron, éreinté par des luttes intestines qui l'ont notamment amené à se confronter à Philippe Léglise-Costa à l'Élysée, est sorti du palais et doit penser à sa reconversion. C'est alors qu'intervient le « miracle Macron ». Alors qu'Arnaud Montebourg rompt avec le gouvernement à la suite d'une discussion budgétaire portant sur l'affectation de quinze milliards d'euros, Jean-Pierre Jouyet et l'Inspection des finances propulsent Emmanuel Macron au moment où celui-ci pensait sa carrière politique en berne. Le duopole Niel-Arnault, au mépris de toute règle démocratique, sponsorise. Les médias s'alignent. Creux incarné sans autre trajectoire que celle consistant à servir son ambition, prêt à mettre un patrimoine public au service de ceux qui pourraient le servir, issu du lycée jésuite La Providence qui joue un rôle similaire à celui de l'Alsacienne à Amiens, flambant héritier de la bourgeoisie provinciale maîtrisant l'ensemble des rouages de la « méritocratie républicaine » après avoir passé cinq années de sa vie à passer des concours, ayant séduit l'homme d'affaires Henry Hermand comme il le fera avec Jouyet, Emmanuel Macron se voit, malgré ses échecs successifs à l'orée de ses vingt ans, propulsé au sein du gotha, comme Attal l'avait été.

L'opportunité est en or pour nos jeunes intrigants. Pur professionnel de la politique devenu conseiller parlementaire du nouveau ministre de l'Économie, Séjourné tente immédiatement de faire recruter son ami et futur député Pierre Person, tandis que Lafay est embauché à Bercy. Face à l'échec de la manœuvre, Person demande à son acolyte s'il peut faire jouer ses relations pour le faire entrer au pôle de lobbying de Uber que Bercy est censé réguler. Stéphane Séjourné, qui ne s'émeut guère de ces mélanges de genre, devenu l'alter ego de Gabriel Attal, active ses réseaux et mobilise ses anciens camarades au service de Macron. Formé à l'université de Poitiers où il a rencontré ce qui constituera l'avant-garde d'un ministre qui se dit encore socialiste, il profite de sa position au sein de l'État afin de structurer les « Jeunes avec Macron » aux côtés de son camarade et d'autres futurs cadres du régime qui avaient auparavant tenté de prendre sans succès la tête de MJS, et deviendront tous députés LREM. Tandis qu'Emelien structure par le haut le mouvement, Séjourné et ses acolytes en esquissent la création par le bas.

Alors que s'effondre l'ensemble des candidats du système, de Fillon à Juppé en passant par Hollande, Valls et Sarkozy, Macron sait se montrer convaincant et a trouvé une jeune garde, certes peu engageante, afin de structurer un mouvement. Nommé ministre par un président aux abois, alors même qu'il vient de quitter l'Élysée pour créer un cabinet de lobbying, Emmanuel Macron construit en quelques mois une opération de communication visant à masquer la veulerie de son entreprise. Manquant de réseaux pour alimenter son cabinet, il fait confiance à des jeunes gens dont il ne sait encore rien, mais qui présentent l'avantage de se montrer aussi ambitieux qu'évidés. C'est le paradoxe : son ascension a été si rapide que, faute d'avoir jamais occupé de poste d'encadrement, il ne peut s'appuyer sur un quelconque proche ou individu de confiance pour s'organiser. Le voilà dépendant de sa femme et de trois trentenaires, Séjourné d'un côté, Griveaux et Emelien de l'autre, pour avancer.

14

L'ambition sans contenu du nouveau ministre Emmanuel Macron, dont la seule croyance est déposée dans le système qui l'a constitué, se reflète parfaitement en celle d'Emelien, de Griveaux, de Séjourné, de la bande de Poitiers, d'Attal et de leurs assimilés. Lorsque Macron cherche un conseiller, le jeune Séjourné apparaît d'autant plus idéal qu'outre une absence de pensée personnelle proche de celle de son maître, il se trouve intégré à l'un des plus importants courants socialistes et se dit en mesure de siphonner pour lui celui de Moscovici. Ce courant se nomme « Besoin de gauche ». Il en a conservé les listings, et peut les compléter avec ceux du MJS. Chargé d'assurer le succès de la loi Macron, Séjourné échoue. Ce moment qui aurait dû sceller son sort crée au contraire un lien de solidarité entre le conseiller et son ministre. Alors que les rues s'apprêtent à se gonfler de manifestants excédés par la loi Travail et les trahisons toujours plus marquées du PS, Valls pousse Macron, avec l'aide de Cazeneuve, à passer en force au Parlement. La crise démocratique qui s'ensuivra, aggravée par Myriam El Khomri, qui récupère ce qui devait être la loi Macron II, pousse à un maintien de l'ordre particulièrement dur qui fera de nombreux blessés et radicalisera une partie de la jeunesse française.

Voilà cependant ces jeunes gens, qui forment la garde d'un pouvoir naissant, viennent d'échouer aux élections intermédiaires, n'ont aucune légitimité et voient leurs parrains s'effondrer, occupés, non pas à traiter les causes profondes de la crise de notre pays, mais à séduire les élites économiques et politiques pour leur proposer une nouvelle aventure qui fera fi de la contestation. Il ne s'agit pas encore de rompre avec le pouvoir socialiste, mais plutôt d'en opérer la conversion finale. Faute de soutien populaire – les trahisons se payent et les militants fuient – le seul enjeu consiste à s'assurer du soutien de l'oligarchie. Puis, par des moyens financiers, médiatiques et étatiques importants et rapidement utilisables, à s'imposer aux autres concurrents.

Jouant d'un double jeu, grassement rémunérés pour le mener à son terme, participant à la paralysie du gouvernement, dans le silence des médias, les jeunes impétrants mettent en place une stratégie qui mobilise les moyens de l'État au service du futur président de la République. Emmanuel Macron continue, pendant ce temps, sa conquête des hautes sphères. Attal va progressivement se laisser happer au cœur du dispositif, jouant jusqu'à très tardivement un double jeu. Il ne compte pas son temps, croit en sa chance et mobilise avec ses acolytes d'ahurissants moyens. Discrètement mis en œuvre, ils assureront, à défaut de la nomination de Macron à Matignon, son élection future.

Profitant de l'étrange pudeur qui saisit l'oligarchie lorsqu'il s'agit de révéler les relais d'influence, Gabriel Attal et Stéphane Séjourné vont former un de ces « power couples » qui placent et déplacent les hommes et femmes. Dans la déliquescence du pouvoir socialiste, il s'agit maintenant de se soutenir, se promouvoir et s'installer.

Une fois l'élection gagnée, ensemble, ils défendront la nomination de Griveaux au gouvernement tandis que Séjourné accompagnera Emelien et

Lafay[38] à l'Élysée. Séjourné s'assurera que son conjoint Gabriel Attal, mais aussi Person, Taché et quelques autres, fondateurs des Jeunes avec Macron, financés discrètement par Messieurs Hermand et Bergé qui n'hésitent pas à faire des chèques de plusieurs dizaines de milliers d'euros aux jeunes qu'on sait leur recommander, obtiennent en temps voulu leurs circonscriptions. Séjourné représentera le président au comité d'investiture d'un parti censé écarter toutes les pratiques de l'ancien monde. Il y offrira bientôt une circonscription imperdable à Gabriel. Et malgré quelques heurts avec Ismaël Emelien, rien ne filtrera de ces cas de népotisme avérés[39]. Car tous auront auparavant participé à un système où l'on recrutait à tour de

---

38. Qui a son tour fera nommer son camarade de promotion Hugo Vergès, comme « conseiller Amérique » à vingt-sept ans, en charge des relations avec l'administration Trump après avoir eu pour seule expérience professionnelle deux stages, et sa proximité avec le là-aussi futur conseiller de Macron, Aurélien Lechevallier. M. Vergès ferait ainsi partie, aux côtés de Bernard Arnault, Christine Lagarde et Thomas Pesquet de la cinquantaine d'invités chargés de représenter la France au dîner d'État donné à Washington en l'honneur d'Emmanuel Macron en 2018.

39. D'autres cadres de la Macronie l'imiteront, Cédric O, conseiller de Hollande devenu l'un des plus proches conseillers de Macron, faisant de sa sœur Delphine O la suppléante de Mounir Mahjoubi, et donc une députée dès lors que ce dernier entrera, comme prévu, au gouvernement.

bras, Bercy explosant les budgets de représentation et les effectifs des cabinets, détournant les conseillers de leur fonction, organisant des événements dans le seul but de servir des ambitions politiques avariées.

En charge des relations avec les députés socialistes, Gabriel Attal siphonnera ainsi leurs réseaux au nez et à la barbe de Marisol Touraine – qui reste fidèle à François Hollande. Ayant compris que le Parti socialiste est un mouroir, il prépare sa reconversion en jouant des réseaux parlementaires d'une gauche exsangue. Recevant à tour de bras à son bureau pour recommander les uns et les autres à Macron, il tente d'arracher l'investiture socialiste à Vanves pour les législatives de 2017, après avoir fait la campagne de Bartolone pour les départementales, tout en servant de poisson-pilote discret au mouvement En Marche, qui se tient encore non sans raison à la lisière du parti : En Marche envisage encore une éventuelle intégration au PS comme courant.

Tandis que Séjourné multiplie l'organisation d'événements avec son collègue Ismaël Emelien à Bercy en faveur de leur candidat, utilisant les ressources du ministère pour inviter en moins de deux ans plus de mille entrepreneurs et autant de cadres dirigeants, à qui sont immédiatement proposées des levées de fonds en faveur de leur champion[40], Attal intègre discrètement la bande des Jeunes avec Macron qui forme l'ossature de ce qui deviendra le mouvement En Marche. Il y place ses pions. Sans jamais s'exposer, veillant à ne pas perdre ni son poste ni l'éventualité d'un adoubement socialiste, il obtient en parallèle la promesse d'une nomination à New York. Un poste prestigieux, normalement réservé à des hauts fonctionnaires français, lui est garanti à la branche santé de l'ONU. À vingt-six ans, Gabriel est rassuré. Quel que soit le résultat de l'élection, il obtiendra une députation ou l'immunité diplomatique réservée aux fonctionnaires internationaux et un salaire *a minima* doublé. Lui qui se place déjà au sein des 2 % les mieux payés du pays voit sa vie, du fait d'un acte de népotisme, toute tracée. Pendant ce temps, sa patronne, qui croit encore à sa fidélité, se voit promettre Matignon par François Hollande et entretient Attal de ses grands projets.

40. « Macron Campaign Emails », *WikiLeaks* [En ligne].

15

Le tandem formé par Séjourné et Gabriel Attal aura joué un rôle essentiel dans cette ascension express en scellant l'alliance de deux capitaux. Utilisant les ressources sociales obtenues lors de son passage à Sciences Po, Gabriel Attal recommande des individus « bien formés », à la confiance garantie par leur appartenance aux mêmes réseaux de socialisation que ceux qu'il a investis depuis l'Alsacienne. Il opère par brassées entières. Séjourné, renforcé par cet afflux auprès de Macron, sait rendre à Attal l'influence que ce dernier lui permet d'acquérir. En ces temps, nulle parole politique n'est prononcée, nul engagement, nulle idée du pourquoi tout cela se construit, si ce n'est le plaisir de se placer et les prébendes qui en sont attendues.

L'ambition est creuse, porteuse de néant et non d'exigence. L'excitation est vaniteuse, elle n'a plus que le goût de la trahison. Emmanuel Macron a été propulsé en urgence. La catastrophe politique touche tous les candidats du système. Il devait très rapidement constituer des réseaux de confiance pour donner l'impression d'être prêt. Et il lui faudra des mois – jusqu'en mars 2017 – pour qu'enfin émergent des propositions plus ou moins sérieuses. Ses conseillers se montrant tout aussi incapables d'imagination et de pensée que lui, il se voit obligé de mobiliser pour tenter de « penser », conjoints et parents, dans l'indifférence et la bienveillance d'une presse trop excitée par une prise de pouvoir qui semble la dépasser, et en arrive – comble de la veulerie et de la compromission – à présenter comme une innovation l'absence de programme du candidat. L'appareil de communication mis en branle fait de cette évidente difficulté un atout, transforme en originalité la faiblesse. Il permet de masquer l'inanité d'une campagne montée en toute hâte pour éviter que des candidats situés en dehors du système et de l'oligarchie puissent l'emporter.

Attal, qui a parfaitement compris ce qu'il peut apporter à ce jeune homme nommé Séjourné qui n'est pas sorti des grandes écoles et ne s'est pas socialisé dans les élites parisiennes, sait aussi ce que Macron lui devra. Les logiques de lutte contre le déclassement au sein de ses anciens camarades de l'École alsacienne, alors même que la crise économique et les politiques de prédation commencent à créer des entonnoirs parmi les élites, lui ont donné un avantage marqué pour s'imposer dans le régime naissant. En position de pouvoir dans un espace en expansion, il attire dans les filets de la Macronie émergente une dizaine de jeunes qu'il sollicite, teste et sait recommander. Leurs noms jonchent les *Macronleaks* en des échanges de mails mêlant ambition sans fard et propositions de service dénuées du moindre contenu. Se trouvant au confluent des réseaux relationnels qui ont fait se mêler anciens de l'Alsacienne et nouveaux des grandes écoles, Attal sait en jouer pour se promouvoir et faire oublier son incapacité à obtenir l'investiture socialiste de député dans les Hauts-de-Seine.

Et voilà que, sans officiellement s'être en rien engagé, il obtient une des circonscriptions les plus courues et faciles d'accès du pays. À Vanves et Issy-les-Moulineaux, à quelques pas de Paris, là où André Santini, baron local tenant les lieux depuis vingt ans, a décidé de ne pas se représenter, il va se déclarer candidat, en des terres où près de quatre-vingt-dix pour cent des électeurs viennent de voter pour Emmanuel Macron. Voilà que celui dont le conjoint siège au comité d'investiture pour y représenter le président de la République[41] se voit ouvrir un boulevard. Emmanuel Macron élu, Attal n'a plus qu'à officialiser son *engagement*, redessiner doucement son CV, prétendre, comme le fit son aîné, qu'il s'apprêtait à lancer une start-up lorsque la politique soudain l'aurait rattrapé, et, sans efforts, obtenir sa députation. Le 18 juin 2017, en ayant à peine fait campagne, il entre à l'Assemblée nationale.

Immédiatement bombardé au poste de coordinateur de groupe de la commission des affaires culturelles et éducatives, grâce à l'appui de Séjourné, nommé lui à l'Élysée où il se trouve notamment chargé de superviser la distribution des postes dans la nouvelle Assemblée, Gabriel Attal prend peu à peu l'ascendant sur ses nouveaux camarades députés. Nourri à la source du pouvoir, au courant de toutes les confidences de l'Élysée, ayant toujours un coup d'avance, masquant tous les ressorts de son ascension, il obtient sans difficultés le poste de rapporteur de la loi Parcoursup, dont la mise en place catastrophique n'aura aucun d'effet sur la suite des événements. Tirant de sa proximité avec

---

41. « Il connaît – "pour les avoir choisis", fanfaronne-t-il devant ses proches – chaque élu LREM ». Clément Pétreault, « Stéphane Séjourné, l'œil de Macron », *Le Point*, 12 octobre 2017 [En ligne].

l'Élysée un ascendant sur des journalistes sevrés par la politique du secret mise en œuvre au Château, il échange des informations, donne l'impression d'une altière supériorité. L'accès au pouvoir fascine et justifie *a posteriori* une distinction autrement inaperçue. À cet instant, plus personne n'a d'intérêt à exposer les ressorts de son ascension.

Après cette première phase de cooptation, lors de laquelle il multiplie les gages en faveur de l'*establishment*, il lui reste cependant, comme à Emmanuel Macron, à transformer cet immense capital en notoriété et ainsi s'imposer aux Français. Malgré l'échec de Parcoursup, enlisé en des polémiques interminables, et l'absence d'un quelconque fait de gloire, doté d'un charisme contestable et d'une éloquence incertaine, le jeune député est contre toute attente bombardé porte-parole du parti présidentiel en décembre 2017, par la grâce de celui-là même qui l'a fait député. L'inconnu, âgé maintenant de vingt-huit ans, tarde deux mois à provoquer le premier article à son sujet.

C'est alors que l'Élysée obtient de le faire inviter à la *Matinale* de France Inter en pleine mobilisation des cheminots et des étudiants, à la place d'un Jean-Michel Blanquer qui sait très bien l'intérêt qu'il trouvera là à ne pas s'exposer.

L'assurance de classe qu'il démontrait dès ses plus jeunes années trouve enfin matière à expression à une heure de grande écoute. Alors que le président de la République ironise sur « ceux qui ne sont rien », qui coûtent « un pognon de dingue » et « déconnent » à force de patauger dans la misère, Attal, qui lui préférait les traits d'humour sur les sans domicile fixe, n'hésite pas dans sa circonscription à briser une grève de postiers épuisés, distribuant le courrier grimé en employé de l'ancien service public pour « défendre ses administrés ». Multipliant les coups sans avoir à déguiser sa véritable nature, il laisse revenir la véritable pensée d'un être construit et institué par et pour servir la classe qui l'a créé. Délaissant le masque, il vote contre l'interdiction du glyphosate après avoir déclaré publiquement la vouloir[42], promeut la proposition de loi contestée sur les *fake news,* et, peut-être à court d'idées pour se faire remarquer, tente de lancer une mobilisation contre le « momo challenge » qui échoue lamentablement. Moins d'un an après son élection, à seulement vingt-huit ans, et quelques jours après son intronisation par *Paris Match,* le voilà qui se présente à la présidence du groupe parlementaire majoritaire de son pays. Il retirera sa candidature une fois assuré, quelques semaines plus tard, qu'un ministère lui sera octroyé.

---

42. Emma Donada, « Quel député a voté pour ou contre l'interdiction du glyphosate ? », *Libération,* 17 septembre 2018 [En ligne].

Lui seul sait que l'Élysée vient de lui offrir les réseaux de sa communication, comme il a offert la conseillère en communication Mimi Marchand à Benjamin Griveaux, enclenchant une campagne de propagande visant à préparer et légitimer *a posteriori* sa nomination au gouvernement.

Lorsque, le 16 octobre 2018, il est nommé secrétaire d'État auprès du ministre de l'Éducation nationale et de la Jeunesse, avec les attributions budgétaires et politiques assorties, en charge de la mise en œuvre du service universel, il est peut-être le seul à ne pas être surpris. Doté depuis son élection de trois collaborateurs travaillant à temps plein dans le seul but d'assouvir ses ambitions, après avoir troqué les majordomes et voitures de fonction, qui le servaient au ministère de la Santé entre ses vingt-deux et vingt-sept ans, pour ceux de l'Assemblée, il se voit intronisé sans efforts, par pure inertie, au cœur de l'État français. Quelques pas bien dirigés auront suffi à l'alimenter. Une anecdote d'apparence insignifiante alors resurgit: plus d'un an après son élection, le jeune député n'avait, au moment de sa nomination, toujours pas inauguré de permanence électorale dans sa circonscription.

Comme si la star montante de la Macronie n'avait pu s'empêcher de signifier à ses propres administrés à quel point, dans son parcours, ils n'avaient pas compté.

16

Septembre 2018. Le pouvoir présidentiel entre en son crépuscule.

Un livre, *Mimi,* qui s'apprête à paraître chez Grasset, inquiète au plus haut lieu. Quelques mois plus tôt, un coup sec est venu accélérer une publication qui avait quelques difficultés à trouver son débouché. Son émetteur, Alexandre Benalla, grimé en policier, rompait l'aura d'invincibilité qui entourait la Macronie, en arrêtant et frappant des manifestants sur la place de la Contrescarpe. À quelques pas d'une immense masse noire, composée de milliers de manifestants défiant l'autorité de l'État, se jouait le prélude à la confrontation violente qui enflammerait quelques mois plus tard le pays.

L'implication d'un membre de la garde rapprochée d'Emmanuel Macron dans cet événement, révélée par Ariane Chemin courant juillet, signait la réactivation des circuits traditionnels de l'information en France, faite de trahisons successives au sein de clans rivaux. Nul ne s'attendait alors, à commencer par *Le Monde*, aux effets dévastateurs que cette affaire d'apparence secondaire provoquerait. L'innocente chronique de l'immaculée conception de la Macronie, reprise en boucle et de façon unanime par une presse aux abois, trouvait là une première fêlure qui bientôt l'embraserait. Après des mois de sidération, les ennemis du président de la République enclenchaient une guerre sans pitié qui n'a depuis plus cessé.

Cet emballement a nourri et permis notre chronique.

Alors qu'une légende, pas à pas, commençait à se teinter de suie, le contre-jour du pouvoir, ses compromissions, ses corruptions, ses inféodations, ses bas-fonds mobilisés pour arracher la France à sa destinée, commençaient à apparaître.

La politique est affaire de rythme. Emmanuel Macron, pensant avoir sidéré ses adversaires, comptait sur les élections intermédiaires pour consolider un pouvoir sans fondement. Mais le pari qui consistait à le faire assez vite pour que les machines de propagande d'État puissent effacer les laideurs de sa nature, s'apprêtait, du fait d'une vulgaire dérive courtisane, à être perdu. Les tempes de l'intrigant perlant doucement, un « grand débat national » serait inventé, utilisant pour cela, à des fins politiques, la machine d'État qu'il avait déjà mobilisée pour promouvoir sa candidature.

Reste que la béance étant ouverte, l'ascension d'un jeune homme aux tempes blondes et aux yeux de ciel qui, par la seule grâce de son talent et de son audace, était censé avoir conquis un pays, a trouvé là un premier effondrement que l'organisation de meetings quotidiens, financés par l'État, ne suffira pas à entamer.

Car ce qui s'est soudain trouvé exposé, ce sont bien les réseaux d'influence parisiens, pris en pleins phares par cet effondrement, et immédiatement mobilisés pour l'éviter. Aux affairistes et corrupteurs habituels, courtisans que charrient tous les pouvoirs, se sont ajoutées les lourdes ombres des fortunés qui jusqu'alors préféraient se tenir écartés des lumières.

La presse a préféré regarder les comparses de bas étage qui, de Benalla à Crase, faisaient leurs choux gras. Allons plus loin.

Comprendre pourquoi, c'est comprendre la nature d'un pouvoir déviant. Rien de mieux pour cela que de s'appuyer sur un texte à l'apparence anodine et dont les triples fonds vont cependant nous permettre d'avancer. Explosant les opaques frontières jusqu'ici dessinées au nom de l'intimité par une presse compromise et dominée, le premier texte qui a rompu les frontières classiques de l'oligarchie, *Mimi*, œuvre de deux journalistes d'investigation et d'une romancière, mettait étrangement en lumière, à la rentrée 2018, une des principales pièces de la « fabrique du consentement » qui a permis la victoire d'Emmanuel Macron, à travers un matraquage inédit, quasi physique, qui fut imposé par une certaine caste aux Français.

L'enquête expose la figure de Michèle Marchand, pièce centrale d'une entreprise de communication mise en place avec l'aide de Xavier Niel, dans le but de faire connaître et adouber par le peuple français un inconnu absolu qui venait d'être coopté par les élites parisiennes : Emmanuel Macron.

L'enquête nous permet d'accéder à un élément-clef de la seconde étape de sa prise de pouvoir, devant consolider la cooptation dont il avait été l'objet. Étrangement tenu à l'écart de bien des télévisions et médias, le travail mené par Jean-Michel Décugis, Pauline Guéna et Marc Leplongeon révélait comment un homme au passé incertain[43], devenu milliardaire puis oligarque, avait rencontré à l'orée des années 2000 une femme au lourd passé, Michèle Marchand, afin de nettoyer son image et de l'accompagner dans son ascension fulgurante vers les plus grandes fortunes de France.

Première étrangeté, le texte révélait que « Mimi » et Niel s'étaient rencontrés grâce à un avocat commun lors de leurs passages respectifs en prison à l'orée des années 2000. Si l'une fut incarcérée à Fresnes et l'autre dans la cellule VIP de la Santé – où il fut brièvement envoyé par le juge d'instruction Renaud Van Ruymbeke, qui se dirait plus tard

---

43. Xavier Niel échappera à toute condamnation sous le chef d'inculpation de proxénétisme. Il n'en fut pas moins, selon l'ordonnance de renvoi de l'époque, le principal actionnaire d'un réseau de *peepshows,* vitrine d'activités de prostitution, dont il recueillait les bénéfices chaque semaine, se rendant selon l'un de ses anciens collaborateurs, hebdomadairement à Strasbourg en voiture, afin de les collecter. La « disparition » de tous les dossiers attenants à cette affaire quelques heures avant sa perquisition, puis la mansuétude de Renaud Van Ruymbeke, auquel Xavier Niel rendra un vibrant hommage, permirent à ce dernier de ne passer que quelques semaines en prison « au bénéfice du doute ». Niel admettra avoir touché de larges sommes en liquide pendant cette période afin de frauder le fisc. Quelques années plus tôt, il faisait déjà l'objet d'un redressement de plusieurs millions d'euros. Il sera condamné à deux ans de prison avec sursis pour « détournement de fonds », et cinq plaintes en diffamation déposées contre des journalistes à ce propos, dont l'une ayant provoqué une violente garde à vue, seront rejetées.

fasciné par le personnage –, l'ouvrage nous apprenait que la même avocate les avait présentés.

Rappelons que Xavier Niel est aujourd'hui propriétaire des plus importants médias de notre pays et qu'il a placé à leur tête un homme de main, Louis Dreyfus, chargé non de censurer tel ou tel article, mais de recruter et de licencier, de promouvoir et de sanctionner journalistes et cadres, directeurs et chefs chargés de produire l'information. Ce qui, nous le verrons, est bien plus intéressant.

Les mœurs irrégulières des plus fortunés de notre pays ne font plus scandale depuis qu'ils ont décidé d'être aimés de leurs contemporains. En une époque où les 1 % les plus riches de la planète concentrent chaque année plus de 80 % de la création de la richesse[44], les plus puissants d'entre eux ont décidé de racheter des médias qui, du fait de basculements économiques liés aux nouvelles technologies et aux transferts de ressources publicitaires qu'ils suscitaient, trouvaient de plus en plus de difficultés à se financer. Le résultat est bien connu : aujourd'hui, dix d'entre eux possèdent en France 90 % de la presse écrite. Pour contrôler leur image, s'acheter

44. Delphine Cuny, « Les 1 % les plus fortunés ont accaparé 82 % des richesses créées l'an dernier », *La Tribune*, 22 janvier 2018 [En ligne].

une influence politique qui leur permettra de renforcer leur fortune, ou comme le dit M. Niel, pour « ne pas être emmerdé ».

Le livre *Mimi,* qui rappelle les fonds putrides des plus grandes fortunes de notre pays, ne s'en tient cependant pas là et « révèle » un élément quelque peu gênant pour les apparences bienséantes de notre élite. Apparences dont on rappellera l'importance : nos dominants sont considérés comme légitimes en ce qu'ils prétendent donner le *la*. Leur exemplarité – qu'elle soit morale, intellectuelle ou économique – légitime les privilèges qui leurs sont accordés, et apparaît comme la clef du pouvoir que la société leur attribue. Si cet *imperium* venait à s'effondrer, ce serait tout l'édifice qui par ricochet tomberait.

Contrôler son image, c'est préserver son pouvoir, et cela explique à quel point l'on y investit de moyens. C'est surtout s'octroyer la possibilité de façonner celle des autres, et se donner dès lors une importance supplémentaire. Rompre l'*omerta,* même par ricochet, présente de grands dangers, un élément insignifiant pouvant déclencher un ébranlement généralisé. Chaque geste est surveillé. Bernard Arnault tenta de faire censurer un de mes tweets, Xavier Niel me signifia qu'il avait vu une émission où je le mentionnais, qui ne dépassait pas les trois mille clics sur un site internet. Le moindre élément est traqué pour éviter qu'il ne serve de cheval de Troie et provoque un raz de marée.

Or il se trouve que, d'élément, *Mimi* en révélait un. Un seul et unique élément que, par pudeur, le Petit-Paris n'osait point faire connaître jusque-là au reste du pays, y compris le plus grand journal de France, *Le Monde*, un grand quotidien qui se targue d'une indépendance à toute épreuve et s'était fait jusque-là étrangement discret dans son intérêt pour des individus possédant à eux seuls des fortunes représentant le double du budget de nos armées.

17

Xavier Niel et Emmanuel Macron sont amis de longue date. Le premier a mobilisé sa fortune et son réseau pour faire élire le second alors que celui-ci était encore un inconnu, et se faisait passer pour l'enfant d'une immaculée conception.

Que Xavier Niel soit le propriétaire du groupe *Le Monde*, mais aussi de *L'Obs* et possède des participations minoritaires dans la quasi-totalité des médias français, y compris *Mediapart*, n'est probablement pas pour rien dans le fait que nos journalistes n'aient jamais révélé ces liens d'amitié, et *a fortiori* le fait que ces liens aient nourri la mise à disposition de certaines des ressources d'un milliardaire au service de M. Macron.

La chose n'est pas anodine. Outre l'infraction de principe au code électoral et aux réglementations sur les frais de campagne que constituerait la mise à disposition des moyens d'un milliardaire à un candidat sans déclaration quelconque – et les auteurs de *Mimi* rappellent non sans gourmandise qu'en ces affaires, « nul contrat » n'apparaît jamais –, rappelons que la fortune de Xavier Niel est directement dépendante des décisions de nos gouvernants. Il suffirait à l'État de retirer les licences téléphoniques octroyées à Free dans le cadre d'une carambole politique ayant impliqué François Fillon et Nicolas Sarkozy, pour que la fortune de Xavier Niel s'effondre immédiatement. Sa dépendance à l'égard du pouvoir politique est telle qu'en son temps, il lui avait fallu le Premier ministre et le secrétaire général adjoint de l'Élysée de l'époque, François Pérol, pour renverser une première décision négative de l'ARCEP et obtenir une licence téléphonique au détriment de l'intérêt général – faisant exploser la capitalisation boursière de Free, dont M. Niel est encore propriétaire à plus de 50 % – contre l'avis du président de l'époque[45].

---

45. L'affaire a fait l'objet de nombreux traitements journalistiques, s'appuyant sur des sources intéressées et souvent biaisées. Voir notamment sa spectacularisation dans Guillaume Champeau, « Pour aider Free, Fillon aurait profité du malaise vagal de Sarkozy! », *Numerama*, 29 décembre 2010 [En ligne].

M. Niel, qui finirait par accompagner le président en de nombreux déplacements officiels, se plaisait en ce temps-là à conter la « détestation » que Nicolas Sarkozy lui vouait, confortable position qui lui permettrait d'apparaître comme un garant d'indépendance pour les rédactions dans le cadre du rachat du *Monde*, mis en faillite technique à la suite d'une campagne de déstabilisation menée par Bernard Arnault, Vincent Bolloré et Arnaud Lagardère sur demande de Nicolas Sarkozy. *L'amitié* que Nicolas Sarkozy était alors censé vouer à Martin Bouygues, qui voyait son empire trembler du fait de l'émergence de M. Niel, avait servi de paravent à la reprise en main du plus important média du pays, en échange de l'attribution d'une licence à prix cassés, par un délinquant condamné qui avait fait de l'intimidation et des procès contre les journalistes l'une de ses activités privilégiées les dix années précédentes.

Investir dans la presse afin de s'assurer que les hommes politiques leur prêtent une influence sur laquelle ils pourront jouer, tout en prétendant ne pas y toucher, est un procédé qui s'est généralisé il y a près de quarante ans en France, avec l'émergence des télévisions privées et les immenses capitaux qu'elles ont soudain concentrés. Bouygues père et fils en devinrent les plus brillants usagers, faisant du *20 heures* de TF1 la plateforme de propulsion ou de dévastation des dirigeants de notre pays, exigeant leur invitation ou désinvitation à la grand-messe télévisuelle selon leur capacité à servir leurs intérêts[46]. L'inauguration de cette ère contaminera rapidement l'ensemble des médias en favorisant l'émergence d'intermédiaires qui, provenant de la haute fonction publique et achetés pour peu de frais, se montreraient d'excellents entremetteurs pour organiser les dispositifs d'influence qui façonneraient l'opinion du pays. Ainsi, d'Alain Minc à Denis Olivennes en passant de plus troubles spécimens encore comme Nicolas Bazire ou Jean-Marie Messier, on ne compterait plus le nombre de serviteurs de l'État défroqués trouvant, de par le capital que nous leur avions octroyé et leur capacité à intermédier entre la machine politique et le monde financier, matière à s'acheter hôtels particuliers et financer des vies luxueuses où femme mannequin et enfants normaliens suivraient.

M. Niel a su s'insérer dans ces mécaniques avec une précision particulière. Prenant acte de la diffraction des sources de l'information et des

---

46. Cette pratique est racontée par Martin Bouygues lui-même, qui s'en vante sans difficultés auprès de nombreux hommes politiques, et fut dénoncée par Xavier Niel lors de l'une de ces rocambolesques batailles qui touchent à notre *establishment* parisien. Voir à ce sujet Benjamin Meffre, « Xavier Niel (Free) accuse Bouygues de faire du lobbying grâce au *20 heures* de TF1 », *PureMédias*, 15 décembre 2013 [En ligne].

relais d'influence, il a multiplié les investissements minoritaires visant à séduire des cadres dirigeants des médias, tout en démultipliant ses investissements dans les milieux économiques du pays. Ainsi, alors que les oligarques de la génération précédente se contentaient de prendre des participations stratégiques dans des secteurs influents, tout en s'achetant les bonnes grâces d'un certain nombre de hauts fonctionnaires et anciens politiciens soigneusement choisis, M. Niel a, en moins de deux décennies, investi dans plusieurs milliers de structures économiques, tout en prenant des participations dans l'ensemble des nouveaux médias du pays, de *Bakchich* à *Atlantico* en passant par *Causeur*, *Next INpact* ou *Terraéco*. Complétant ces dispositifs par des déjeuners récurrents avec tout jeune intrigant qui lui montrerait son intérêt, pour peu qu'il soit passé par l'une de ces fabriques à élite qui garantissent un destin doré – Polytechnique, l'École normale supérieure ou encore l'ENA[47] – il se plaçait ainsi en capacité d'intégrer l'ensemble de ces réseaux d'influence, recommandant l'un à l'autre afin de propulser le second, dépensant quelques centaines de milliers d'euros pour s'acheter une sympathie sous forme d'investissement auprès de qui vien-

---

47. Ce fut mon cas, en janvier 2014, date à laquelle il m'annonça qu'un jeune secrétaire général adjoint de la République deviendrait président.

drait l'approcher. C'est ainsi que plusieurs centaines de hauts fonctionnaires ont déjà été curieusement *influencés* à l'heure où ces lignes sont écrites, et plusieurs milliers de notables du Petit-Paris dont il a ainsi conquis la sympathie.

Ces liens cordiaux, ajoutés aux relations qui, par famille, parcours et position, l'ont depuis toujours raccroché aux services de renseignement de notre pays, lui ont permis de tisser un dense filet le mettant à l'abri de ses variations politiques.

C'est du fait de cette omniscience organisée que M. Niel a réussi à identifier très en amont M. Macron, au moment où sa chair était encore tendre et ses idées mal formées. Leurs rapports étaient connus par quiconque participe au landerneau politico-médiatique que forme le Petit-Paris. On est en droit de s'étonner qu'il ait fallu attendre septembre 2018[48] pour que les liens entre l'un des plus importants oligarques de notre pays et son président aient été révélés. La chose n'est pas aussi anodine qu'il y paraît : non seulement ces liens étaient à connaître pour contrôler les éventuels conflits d'intérêts et interventions dans l'espace démocratique que M. Niel aurait pu commettre, mais aussi parce qu'ils auraient permis de mieux comprendre le prétendu

---

48. Raphaëlle Bacqué, « "Mimi" Marchand, le loup dans la bergerie Macron », *Le Monde*, 20 octobre 2018 [En ligne].

miracle de l'élection de Macron, président qui fit un argument de campagne – réaffirmé contre toute évidence en janvier 2018 lors du grand débat – de s'être fait seul, d'avoir été élu sans l'aide de personne, en dehors du système.

Aurait-on voté de la même manière si on avait su que le jeune candidat touché par la grâce, sorti de nulle part par la seule force de son talent, cet être admirable que l'on nous avait présenté article après article, sans nous laisser le temps de le connaître, comme un brillant surgeon de lui-même, était en réalité dès le début de son parcours politique appuyé et soutenu par l'un des hommes les plus riches et les influents de France, tenant le Petit-Paris d'une ferme main ?

L'affirmation si grossière que fit M. Macron de son immaculée conception aurait dû amener les journalistes à enquêter, contextualiser les paroles de ce président et en révéler l'absurdité. Et pourtant, l'on s'est tu. Personne n'a moufté. Pendant plusieurs années, alors qu'un parcours se construisait à une vitesse impressionnante, personne n'est allé chercher. Il aura fallu attendre qu'au détour d'un ouvrage où il n'est question de l'un et de l'autre qu'en deux petits chapitres[49], un an et demi

49. Marc Endeweld, *L'Ambigu Monsieur Macron*, Flammarion, 2015.

après cette élection et quatre ans après leur première rencontre, pour que l'information soit révélée et reprise, discrètement et sans commentaires, par Raphaëlle Bacqué, une journaliste du *Monde* pourtant bien au fait de ces affaires.

On s'étonne d'autant plus que c'est chez Xavier Niel, au sein de la Station F – le campus de start-up construit par ce dernier à Paris avec l'appui de la maire de Paris, Anne Hidalgo[50] – qu'Emmanuel Macron a été accueilli à plusieurs reprises et a même parlé de ces « riens » que l'on croise dans les gares, ces citoyens réduits, contrairement à lui et à ses acolytes, à prendre RER et métro. Que ces rencontres ont constitué autant de meetings déguisés, destinés à influencer l'électorat et insuffler une aura de modernité en l'image d'un jeune homme qui craignait à raison, langage désuet et amour pour Line Renaud assumés, d'être ringardisé.

---

50. Ce même Xavier Niel a introduit son *missi dominici* Jean-Louis Missika, compagnon de route de Free depuis la première heure, à la mairie de Paris, où il est en charge de l'urbanisme, tandis que l'autre poids lourd de la majorité municipale, Christophe Girard, n'est rien moins que le cadre dirigeant et employé d'un autre oligarque, un certain Bernard Arnault dont il sera bientôt question.

18

Le citoyen mal informé a pu penser que les visites de M. Macron à l'école 42 puis à la Station F, institutions créées par Xavier Niel, n'avaient eu pour objectif que de servir le bien commun et non leurs influences et réputations respectives. L'association du capital symbolique de l'oligarque – bénéficiant encore d'une aura liée à des campagnes massives d'influence mises en œuvre avec l'aide de sa conseillère Mimi Marchand – et de la jeunesse du candidat était au contraire parfaitement calculée. M. Macron constituait la dernière pierre permettant à M. Niel de se relégitimer au sein d'un espace social, l'entre-soi parisien, qui à cet instant continuait de le mépriser pour les affaires auxquelles il avait été lié. Il lui était essentiel. Et M. Macron avait besoin de M. Niel pour être lancé. Ces déplacements, comme celui que le candidat ferait à Las Vegas, là aussi grâce à des financements à clarifier, auraient un effet de premier ordre dans l'opinion publique et renforceraient mutuellement leur position dans la capitale.

Ces échanges de faveur sont intervenus sans qu'aucun journaliste n'ait cherché, non pas même à les dénoncer, mais simplement à les décrypter. Pourtant, l'on conçoit parfaitement le déséquilibre qu'ils créent déjà dans le cadre de la compétition électorale qui nous intéresse. Alors que M. Niel se vantait dans le tout-Paris d'aimer et de soutenir, puis de chercher à faire élire, son « ami », le système mis en place pour faire de cet oligarque – qui bénéficia d'un important soutien de la puissance publique pour créer ces plateformes – afin de servir M. Macron, sidéra les journalistes avant de fasciner les citoyens. Similimeetings ne disant pas leur nom, démonstrations de force hyper contrôlées mises en scène avec une apparence d'insouciance pour donner l'impression que M. Macron était l'incarnation du renouveau, susciter même la confiance de ses congénères les plus inquiets des soubresauts que la technologie ne cesse de nous infliger, ils offraient au candidat une audience que son absence d'engagement politique, d'enracinement électoral, de poids institutionnel interdisait normalement. Cette simple question : « Pourquoi M. Macron, et seulement lui, bénéficiait-il du soutien de cet individu ? », ne fut jamais posée.

Le lecteur pourrait à ce stade relativiser, trouver matière à peccadille, enfin, dire que cela n'est guère signifiant. Or ce n'est pas la seule chose que nous apprenons en septembre 2018, soit bien à retardement.

Car il se trouve que nos confrères s'aventurent un peu plus loin. L'air de rien, voilà qu'ils nous apprennent que, bien au-delà d'une simple affaire de courtoisie, ces événements furent le fruit d'une relation entre deux êtres liés, à la suite d'affaires judiciaires, par leur avocate commune – Xavier Niel et Mimi Marchand –, qui s'entendirent pour faire élire un inconnu à la présidence de la République, mobilisant fortune et réseaux pour le faire connaître et l'imposer aux Français, dans l'idée qu'il serve leurs intérêts.

Et qu'il y eut, au-delà des meetings, bien d'autres opérations qui autoriseraient cela.

Ainsi nous découvrons comment, par pointillés successifs, Xavier Niel est intervenu au cœur de notre espace démocratique pour faire connaître, et favoriser l'élection de son protégé. Cela prend source en un événement décrit avec moult détails, lors duquel[51] Xavier Niel demandait, en amont de l'élection, à ladite Michèle Marchand de s'occuper de l'image d'Emmanuel Macron et de sa femme, lors d'une rencontre organisée dans l'hôtel particulier de M. Niel, qui n'est rien de moins qu'une réplique en marbre rose du Grand Trianon.

Mimi Marchand, la reine de la presse *people* que la dépêche qualifia de « ex-dealeuse qui a fait de la prison »[52] et qui, selon les auteurs de l'ouvrage *Mimi*, fut interpelée conduisant un camion doté de 500 kilogrammes de haschisch, celle qui peut exposer l'intimité des gens ou défaire leur réputation contre rémunération, aurait été, nous disent les auteurs, la personne en charge d'introniser M. Macron auprès des Français. Mimi Marchand, ou la talentueuse marchande de secrets qui depuis vingt ans fait les beaux jours de la presse *people*, dont plusieurs directeurs de la rédaction me feraient l'éloge, capable de faire taire une information en quelques instants, de montrer et d'exposer des corps nus, humiliés ou consacrés, pour peu qu'elle le juge bon.

---

51. Marc Endeweld, *L'Ambigu Monsieur Macron*, Flammarion, 2015.
52. Anouk Passelac, « Qui est la conseillère en communication du couple Macron, ex-dealeuse qui a fait de la prison ? », *La Dépêche*, 14 novembre 2018 [En ligne].

Mimi Marchand qui serait photographiée au lendemain de l'élection de M. Macron, faisant le V de la victoire dans le bureau du président.

Répétons-le : Mimi Marchand et ses séjours en prison, ses réseaux invisibles, ses hommes de main et ses informateurs, ses pressions et ses faveurs a été présentée par un aventurier devenu milliardaire à Brigitte et Emmanuel Macron pour aider ce dernier à s'en faire connaître. Et cette personne fit si bien son labeur que le couple présidentiel cherchait à la recruter à l'Élysée au moment où la rumeur concernant la publication de l'ouvrage commença de circuler.

Et cette même Michèle Marchand a été présentée à Brigitte Macron-Trogneux par son « ami » Xavier Niel, dans son hôtel particulier pour faire taire une information.

Et tout cela, nous l'apprenons non pas en 2014, 2015, 2016 ou 2017, lorsque cela aurait pu encore avoir un effet, mais en septembre 2018, lorsque les jeux sont faits.

Et tout cela, nous l'apprenons alors que des dizaines de journalistes, dont tous les interlocuteurs de Mimi Marchand au sein des rédactions parisiennes, le savaient.

Et le taisaient.

L'opération, à en croire les auteurs de l'ouvrage, a été un succès, puisqu'elle fut directement à l'origine des près de quarante unes dithyrambiques que *Paris Match* et consorts offrirent à Emmanuel Macron et à sa femme en un laps de temps record. Elle n'était pourtant pas simple : il s'agissait en effet de transformer un riche banquier, dont les rares à l'avoir fréquenté sans intérêt savaient que la morgue n'avait d'égale que la vanité, ayant utilisé les réseaux de l'État pour faire sa fortune, indifférent à l'autre et obsédé par son moi, en un gendre idéal en quelques mois, et susciter une sympathie que rien dans son parcours ni sa personne ne faisait naître.

Succès, il ne fut pas que relatif, puisque la couverture médiatique du candidat dépasse, en intensité, l'ensemble des autres réunis. Donnant le *la*, s'appuyant sur des fausses paparazzades, les œuvres de Mimi Marchand enclenchent une boulimie que le *JDD*, qui offre au candidat pas moins de quatre unes dans les huit semaines entourant le lancement d'En Marche, *L'Obs*, appartenant à Xavier Niel, *L'Express*, dirigé alors par un ami de M. Macron, puis le reste de la presse *mainstream* suivent, créant une béante disproportion avec l'intérêt initial que Macron suscitait[53].

---

53. « Emmanuel Macron est bien une grosse bulle médiatique », *Mediapart*, 14 février 2017 [En ligne].

19

Mais comment un seul individu, une femme comme Mimi Marchand, aurait-elle pu, seule, et même avec l'appui d'un tout-puissant milliardaire, provoquer une telle conversion ? À cet instant, le lecteur suspicieux se braquera, à raison. Car ce que nous dit ce livre qui, par la brèche qu'il ouvrait, a donné naissance à celui que vous lisez, n'est pas tout à fait vrai, ni tout à fait complet. Et c'est le plus souvent dans les failles plutôt que dans les mensonges que l'on se trouve manipulé. Commençons donc à recouper les informations et à recomposer les non-dits habituels qui recouvrent, du fait de notre fonctionnement oligarchique, toute enquête aujourd'hui produite sur ces sujets.

Explicitons. Ce que les auteurs de *Mimi* oublient de nous préciser, c'est que le propriétaire de *Paris Match*, Arnaud Lagardère, qui permit la propulsion médiatique d'Emmanuel Macron, a été son client pendant sa période à la banque Rothschild, où ce dernier tenta sans succès de lui trouver un acheteur pour ses médias. Que, plus important encore, M. Macron permit à M. Lagardère, lorsque le premier était secrétaire général adjoint de l'Élysée et que le second cherchait à se débarrasser de ses participations dans EADS, de signer un accord avec l'État si avantageux qu'il permettrait à M. Lagardère d'en tirer près de cent millions d'euros de dividendes personnels. Et qu'il se trouve que, comme l'a raconté *Vanity Fair*, l'homme de main de M. Lagardère dans les médias, un certain Ramzy Khiroun, avait été mis à disposition de M. Macron dès sa nomination en tant que ministre de l'Économie, afin de l'aider à organiser sa communication par la grâce et l'intermédiation d'un certain Ismaël Emelien.

Et qu'en somme, contrairement à ce qui a été écrit, Mimi Marchand n'était que l'exécutante d'une stratégie certes financée par Xavier Niel, mais surtout mise en œuvre par les hommes de main d'Arnaud Lagardère, Ramzy Khiroun et son factotum Denis Olivennes, ainsi que, nous le démontrerons plus tard, celui de Patrick Drahi, pour parachuter un inconnu qui avait su se montrer complaisant.

M. Lagardère est l'héritier d'un immense empire médiatique et éditorial qu'il est en train de dépecer, par son absence de vision, de talent et d'intérêt pour les dossiers. La fortune de sa famille – et celle de son père Jean-Luc – qui a été constituée grâce à l'appui de l'État, est depuis dilapidée par ses héritiers. Cette forme de gouvernement, par laquelle des actifs stratégiques pour notre pays sont confiés à des individus chargés de les faire fructifier, est l'une des plus importantes sources de corruption en France. Elle permet, en toute légalité et par jeux d'aller et retour, de piller un État que l'on n'hésitera pas à critiquer publiquement pour son poids, avant de se proposer de l'alléger. En toute légalité, puisque ce sont ceux qui font les lois et autorisent ces opérations exceptionnelles qui sont les premiers intéressés à ces activités, faisant de leurs nouveaux oligarques les soutiens fidèles des ambitions politiques qu'ils nourriront. M. Macron est l'un de ceux qui se sont échinés à utiliser le privilège que leur avait octroyé la collectivité par le truchement d'un concours – un emploi à vie, d'immenses responsabilités et un réseau de première main – pour participer à cette corruption en se précipitant dans le privé afin de brûler le capital d'État dont il avait, en tant qu'inspecteur général des finances, la garde. Ce faisant, il s'est fait valoir auprès de puissants qui se trouveraient au cœur de son ascension.

Il est bon de le rappeler, tant des mythes médiatiques se construisent, tels des digues, autour de ces rives intouchables où l'impunité règne. Il est bon de rappeler que ces hommes n'ont pour seul capital non leur talent – les concours de la haute fonction publique sont avant tout des contrôleurs de conformité, et M. Macron ne les obtint que laborieusement – mais le fruit de ressources qui sont chaque année collectées auprès des Français et que ces quelques satrapes ont décidé, depuis une trentaine d'années, de détourner de leur rôle principal, en s'appuyant pour cela sur de vaines et farfelues théorisations économiques nées des mêmes cercles de pouvoir qui les ont portés, pour transférer une partie plus ou moins importante de nos biens communs à leurs protecteurs. Plus leur légitimité initiale est forte – et de Gaulle fut à cet égard l'exemple-type – et moins ils ont besoin d'offrir des ressources qui ne leur appartiennent pas. Moins c'est le cas, et plus ils présentent un danger pour la société, car plus ils ont besoin de se faire valoir, en d'autres termes, de se vendre, afin d'acquérir une respectabilité. C'est ainsi que M. Macron ne réussit à se faire introniser dans ces lieux-là qu'en utilisant ses positions au sein de l'État pour pousser systématiquement à des privatisations et des « deals » avec des acteurs privés, amenant l'un de ses comparses, pourtant pour le moins modéré, Christian Eckert, à mettre en jeu sa démission pour empêcher un saccage que Denis Robert n'hésiterait pas à qualifier de « prédation ».

Il faut le rappeler, là où tous crièrent au talent, au talent d'un être qui consacra pourtant cinq ans de sa vie à arracher des concours pour n'en obtenir qu'un et ne se fit remarquer dans l'espace public avant sa nomination comme ministre qu'à une reprise, en tant que rédacteur de l'introduction d'un rapport, celui de la commission Attali, où il annonçait un cycle de croissance ininterrompu et appelait à un approfondissement des politiques qui, quelques semaines plus tard, provoqueraient la crise de 2008 et l'effondrement du système tout entier.

Un être qui pour tout bilan ministériel, outre le massacre d'Alstom et la cession de SFR, n'eut que la création de lignes de bus et quelques mesures de libéralisation secondaires qui furent immédiatement oubliées.

Il faut ne pas l'oublier au moment où l'on compare cette inexistence flagrante au tombereau de vaniteuses congratulations dont il fit, pendant toute cette période, l'objet.

Évaluer le pouvoir de chacun des acteurs d'affaires touchant à l'entre-soi est parfois délicat.

Notons cependant cette anecdote que l'on nous a rapportée, à propos du directeur de la rédaction de *Paris Match* qui, nommé après la destitution du précédent sur demande de Nicolas Sarkozy, devait être démissionné à l'été 2018. Brigitte Macron, qui se targue, n'ayant aucune légitimité à ce sujet, de ne pas faire de politique, n'en passa pas moins un appel à Ramzy Khiroun sur demande de Mimi Marchand, qui craignait de perdre ses relais chez *Match* et avait annoncé, catastrophée, que cela réduirait d'autant l'exposition de M. Macron. Sa demande était d'évidence intéressée, son accord avec le désormais président de la République lui apportant de substantiels bénéfices, son agence devenue très officiellement l'une des rares à être agréées par l'Élysée. Le directeur de *Match* sera maintenu, et Mimi, jusqu'à la parution de l'ouvrage chez Grasset, préservée.

La notoriété est une drogue, et en effet, le couple Macron a continué après l'élection à faire usage de ces prétendus reportages publiés sans aucune critique et repris largement dans l'ensemble des médias, comme leur désormais fameuse « visite privée » très opportunément photographiée par un paparazzi de Mimi Marchand devant le Taj Mahal, en plein cœur d'une visite d'État en Inde qui s'avérerait catastrophique. Le lecteur pourrait à ce stade se trouver assez sidéré. Seule une rébellion d'une partie de la presse, peut-être indignée de la méthode, ou frustrée de ne pas en avoir été, avait alors permis de lever le voile sur ces pratiques que tous connaissaient. La veulerie se trouvant illimitée, personne ne trouvait à contester que des médias privés touchant une large audience aient été utilisés comme purs instruments de propagande, tandis que les chaînes d'information et les JT diffusaient du contenu produit directement par l'Élysée, suscitant jusqu'à l'indignation du très respectable proche d'Emmanuel Macron, Dominique de Villepin[54]. Qu'il retienne son souffle car nous ne faisons que commencer. Car la question que tout cela pose est la suivante, et la réponse effrayante : pourquoi l'histoire ne fut-elle pas contée avec justesse dans le courageux ouvrage intitulé *Mimi* ? Pourquoi n'y fut-il pas dit qu'Arnaud Lagardère avait été le client – failli – d'Emmanuel Macron pour sa branche médias avant d'être servi par ce dernier à l'Élysée, et que M. Khiroun et ses berlutti en avaient été les *missi dominici* ?

Simple oubli de journaliste, penserait le lecteur. Atterrons-le.

---

54. Léa Salamé et Nicolas Demorand, entretien avec Dominique de Villepin, « Dominique de Villepin : "Trump a joué sa carte, sa carte c'est quoi ? C'est la division des Européens" », *France Inter*, 14 novembre 2018 [En ligne].

Tout cela ne fut pas dit, alors que tout cela était su, pour la même raison qui amena Madame Bacqué et *Le Monde* tout entier à taire les rapports entre Niel et Macron jusqu'à ce qu'il ne fût plus possible de faire autrement : parce que, de la même façon que *Le Monde* est propriété de Xavier Niel, l'éditeur de *Mimi*, Grasset, est propriété d'Hachette, groupe racheté par une holding nommée Lagardère Active, dont le propriétaire est un certain Arnaud Lagardère, et le directeur effectif, n'en déplaise à M. Nourry, un certain Ramzy Khiroun. Et qu'il leur était dès lors impossible de dire tout à fait la vérité au sujet de leur enquête, et dès lors impossible de rendre la chose compréhensible aux citoyens qui la liraient.

Et voilà que l'on commence à comprendre pourquoi en ce pays personne ne comprend rien, tandis que tous sentent tout. Voilà que l'on commence à deviner à quel point l'espace public français est traversé d'asservissements qui, pris individuellement, semblent anodins – la concurrence compensera les liens de chacun ! – mais qui, de liens d'intérêt en liens d'intérêt, suffisent à empêcher quiconque de décrire le système dans son entièreté. Tous, qui se croient libres et indépendants, sont dans les faits partiellement inféodés, et prennent à un moment garde à ne pas exposer l'un des blocs oligarchiques auxquels ils sont assujettis. Et ce faisant, nous empêchent tout simplement d'accéder à la réalité.

Puisque tout l'espace médiatique français, à de rares exceptions comme *Le Monde diplomatique*, qui s'est mué non sans raison en principal critique de ce système[55], est concerné par cette opacité, voilà pourquoi, de façon systématique, la vérité se trouve tronquée.

Et nos oligarques et leurs inféodés de continuer à dominer.

55. Marie Bénilde, « Emmanuel Macron, fabriqué pour servir », *Le Monde diplomatique*, mai 2017 [En ligne].

20

On avancera à ce stade un début de comparaison qui ne choquera que ceux qui s'aveuglent
encore quant à la nature du régime dans lequel
nous sommes tombés. Rappelons l'ascension de
Vladimir Poutine. Face à l'effondrement d'un
système, l'ancien préposé du KGB s'était trouvé
placé à son poste du jour au lendemain *via* une
élection démocratique par une oligarchie paniquée
qui cherchait à défendre ses intérêts, prête à vendre
à son peuple le premier bureaucrate qui lui prête-
rait serment.

Il était inconnu du grand public, il est devenu
l'élu, redistribuant rapidement les prébendes à
ceux qui l'avaient fait, asseyant son pouvoir par

toute une série d'opérations de propagande, de défilés militaires en grandes réceptions dans divers châteaux en passant par des mises en scène en tenue militaire et opérations de communication déguisées.

Cela vous dit quelque chose ?

Reste à vous démontrer comment, en effet, les journalistes français actionnés par au moins trois oligarques nationaux, plusieurs directeurs de communication et une infinité de complicités passives ont fabriqué en quelques mois un homme politique de « stature internationale » qui serait *démocratiquement* élu et s'attellerait, une fois au pouvoir, à servir leurs intérêts.

21

On voudrait rappeler ici que M. Macron ne se prive pas depuis son élection d'intervenir dans la gestion des médias d'État, commandant et décommandant des émissions avec des amis dont il assure qu'ils seront recrutés ou maintenus à leur poste.

Nous pensons par exemple à M. Delahousse, qui a grandi à Amiens comme M. Macron, que Delphine Ernotte, présidente de France Télévisions et nommée par l'État, voulait écarter du service public en octobre 2017. Après intervention de l'Élysée, il fut maintenu, entraînant une importante carambole qui failli provoquer la suppression des émissions d'enquête du service public et nous gratifia de la production d'un absurde « entretien de Noël » avec le président, longue causerie dans les bureaux de l'Élysée, si caricaturale dans la servilité qu'elle fut comparée à une œuvre de propagande soviétique. Voyez plutôt.

Quelques semaines avant ledit entretien, fin novembre 2017, une polémique sur la suppression de postes dans les équipes d'*Envoyé spécial* et de *Complément d'enquête* enflammait France Télévisions. Contrairement à ce qui fut alors soupçonné, ces suppressions de postes des émissions produites par Élise Lucet n'avaient pas été demandées par l'Élysée. L'affaire, plus complexe, permet de comprendre comment les liens actuels entre pouvoir médiatique et politique dégradent notre espace informationnel et rendent nos journalistes prisonniers de logiques d'intérêt. Au départ de l'affaire, la volonté par l'Élysée d'imposer à Delphine Ernotte cinquante millions d'euros de coupes budgétaires. Rappelons que le climat n'est pas au beau fixe. Michel Field, directeur de l'information, est contesté. Pujadas s'est fait virer le jour de l'intronisation de Macron. Cinquante millions d'euros, sur un budget de 2,7 milliards d'euros, ce n'est pas grand-chose, mais c'est justement mesquin. Alors, face au rigorisme budgétaire de sa tutelle, la présidente de France Télévisions décide, elle aussi, de s'amuser. Et laisse entendre qu'elle va arrêter l'émission de Delahousse. Or il se trouve que Delahousse, scolarisé au même lycée qu'Emmanuel Macron, est devenu l'un de ses proches sur le tard, et que Madame Ernotte le sait. Delahousse, après s'être vu confirmer les intentions de la direction, intervient comme attendu auprès de l'Élysée, qui exige d'Ernotte de maintenir l'émission et de trouver ailleurs ses économies. C'est à partir de cet instant que les versions divergent, donnant une idée du marais dans lequel gisent nos journalistes les plus aimés. À la direction de l'information, on prétend que les équipes d'Ernotte (dont son directeur de cabinet, Stéphane Sitbon-Gomez), manquant d'expérience, auraient dans la précipitation monté un plan de réductions s'appliquant aux émissions d'Élise Lucet, sans se rendre compte des conséquences du geste. On attribuera la crédibilité qu'elle mérite à cette version, tandis que d'autres, plus subtiles, n'hésiteront pas, elles, à affirmer que le geste fut au contraire parfaitement calculé de la part d'Ernotte, afin d'embarrasser l'Élysée auquel, elle le savait, serait immédiatement attribuée une volonté politique de censure de la journaliste préférée des Français. Voilà donc que la direction annonçait des coupes dans l'investigation et que Delahousse, incapable de comprendre ce qui se jouait, croyait pouvoir respirer.

Ce qui suivit, et déborda dans la presse, menaçant de devenir un scandale embarrassant pour l'Élysée, est connu de tous : AGs, communiqués contradictoires commencèrent à être produits alors que les confrères de la presse écrite, inquiets, se faisaient le relais d'une indignation montante, pour la plus grande satisfaction de la direction de France Télévisions. Il faut dire que Michel Field, directeur de l'information toujours plus embarrassant, était alors détesté du pouvoir pour avoir réussi à faire passer David Pujadas, exfiltré le jour de l'intronisation de M. Macron après un traitement doucereux de sa campagne, pour un martyr de l'information. L'Élysée, furieux, avait beau prétendre n'y être pour rien : le mal était fait, et la partie gagnée. La motion de défiance s'approchant, et la contestation menaçant d'emporter Ernotte, des négociations en haut lieu reprirent, et l'on put annoncer que *Envoyé spécial* et *Complément d'enquête* étaient sauvés, Delahousse préservé, et les coupes budgétaires décalées d'un an.

L'affaire aurait pu en rester là. Mais le président de la République, qui n'est pas homme à pardonner et ne craint jamais de s'exposer au ridicule pour emporter un bras de fer, ne s'en tiendrait pas là. Voilà qu'à peine le conflit réglé, le 5 décembre, il déclare que « l'audiovisuel public français est une honte » avant d'organiser un ultime pied de nez – une véritable provocation – à l'égard de Field et d'Ernotte, qui scellera le sort du premier.

La chose est sidérante, et montre non seulement le niveau d'immaturité, mais d'irresponsabilité de nos dirigeants. Voilà qu'un tout-puissant président de la République et un présentateur télévisé au pic de sa carrière, vexés, décident pour se venger d'organiser dans le dos de la direction de France Télévisions un entretien-fleuve de quarante-cinq minutes à la veille de Noël, lors duquel Emmanuel Macron est littéralement enguirlandé par Delahousse, tout sourire, à l'Élysée. Ernotte est contrainte, humiliée, d'y assister à distance et sans mot dire, de le programmer. Là où avaient été accordées dix minutes sur le climat, Ernotte découvre un long panégyrique à la gloire de la banalité du chef de l'État se déployant en direct, et comprend, par les sourires satisfaits exhibés dans la chaîne publique, qui se trouve par tout cela visée. Le sentiment de toute-puissance est alors tel que le ridicule d'une telle opération, qui provoque une réaction véhémente de la presse le lendemain, ne semble atteindre personne. Comme dans les plus glorieux temps de la monarchie absolue, le roi a été servi, et ses sujets remis en place, le peuple assistant, médusé, sans rien pouvoir comprendre, à des jeux de cour que personne ne prend la peine de lui expliquer.

Nous pensons à quelques autres affaires qui, touchant Michel Field comme elles touchèrent

France Inter, la nomination du directeur de LCP, l'atterrant directeur du *JDD*, pourraient avec un peu de courage être bientôt publiées, et qui furent autant de signaux envoyés, suivant une grande tradition d'intervention dans notre espace démocratique. Rappelons le licenciement traumatique d'Aude Lancelin, directrice adjointe de *L'Obs*, par Xavier Niel et ses comparses, pour cause d'engagement idéologique, avant que son successeur ne fût viré pour une une critiquant la politique migratoire de Macron, la démission forcée d'Hervé Kempf, grande voix de l'écologie au *Monde* et de sa directrice Natalie Nougayrède, prise dans une souricière mise en place par ses actionnaires avant l'élection d'Emmanuel Macron, tous justifiés par des questions de « personnalité ». Pensons, en voyant plus large, à l'échelle d'une décennie, aux affaires Guillon et Mermet sur le service public, la suppression des *Guignols* par Bolloré, les récits de censure explicite sur France 2 par Paul Amar et quelques autres qui eurent le courage de parler, les compromissions récurrentes de Maurice Szafran ou de Franz-Olivier Giesbert avec les pouvoirs successifs auxquels ils ne désirent que s'offrir, et tous ceux que l'on ne connaîtra jamais, parce qu'il faut bien survivre en ces mondes, et qu'il faut pour cela ne pas parler, les excuses immédiates du *Monde* dès qu'une couverture de son magazine avait le tort de déplaire aux supporters du pouvoir existant… Les cas d'autocensure quotidienne, comme lorsque Patrick Roger, pourtant vénérable journaliste au *Monde* depuis plusieurs décennies, proposa une chronique du livre de Christian Eckert, l'ancien secrétaire d'État au Budget dont j'ai déjà fait état, chronique qui fut refusée car « trop positive » pour un ouvrage qui déconstruisait la Macronie, démontrait comment Emmanuel Macron a utilisé Bercy, engagé une cohorte de trentenaires pour s'imposer. Nous pensons aux listes de journalistes que Bruno Roger-Petit se targuait de faire transmettre au président Macron pour qu'il validât la future direction de la rédaction de *L'Obs*. Aux passages des grandes rédactions au pouvoir, de Claude Sérillon au dit Roger-Petit en passant par Laurence Haïm, Nathalie Iannetta ou encore Catherine Pégard, parfois par compétence, souvent pour services rendus. À notre *Russia Today* national, France 24 où une femme de ministre des Affaires étrangères fut nommée, avant d'être recasée sur la radio de service public. À Anne Sinclair, qui affirma à Henry Hermand vouloir se mettre au service de Macron alors qu'elle dirigeait le *Huffington Post*[56], après avoir

---

56. Email du 12 juillet 2017 de Brigitte Brechon, secrétaire personnelle de Henry Hermand, à l'intention de Pierre Person, Macron Leaks.

été l'une des principales vectrices de l'ascension de son ex-mari Dominique Strauss-Kahn, sans qu'à aucun moment l'on s'en gênât. Aux articles concernant les faits de népotisme, que nous venons plus tôt d'exposer longuement, d'un ministre et d'un conseiller politique à l'Élysée, Gabriel Attal et Stéphane Séjourné, qui furent supprimés des sites de *Gala* et de *Voici* quelques heures après leur publication, sur demande de l'Élysée, et auxquels des liens morts renvoient encore aujourd'hui. Au rachat de *Marianne* et du pôle presse de Lagardère par un milliardaire tchèque qui, comme Xavier Niel et tous les oligarques avant lui, prétend le faire « pour la démocratie » en s'alliant avec l'affairiste Étienne Bertier avant de montrer son appétit dans le secteur de l'énergie. Aux intromissions permanentes dans le secret des sources, par utilisation de fadettes, tentatives de perquisition avortées, intimidations par des ambassades de correspondants de guerre cherchant à faire leur travail. Aux liens d'amitié qui firent que Daniel Schneidermann censurerait un article révélant comment *Le Monde* avait censuré mon enquête sur Areva, « parce que tout cela les dépassait », dans le seul média censé porter un regard critique sur nos journalistes. Auparavant, à la destruction des deux seuls quotidiens économiques du pays, *Les Échos* et *La Tribune*, par Bernard Arnault, les compromissions diverses qui furent contées en mille ouvrages ignorés, écrasés, parce que de tout cela, il ne fallait jamais trop parler.

Nous pensons enfin à toutes ces autres affaires, distributions de prébendes et d'avantages que M. Macron mettra en œuvre en s'appuyant sur ce passif marqué, en parallèle à cette mise sous tutelle effective d'une partie des médias pour récompenser ceux qui l'avaient aidé, utilisant pour cela des politiques publiques qui favorisent la montée des inégalités et se doublent d'un autoritarisme et d'un arbitraire rampant, réduisant la liberté à mesure que s'accroissait la corruption[57]. Les conséquences, en somme, que les compromissions produites par ce marché de l'information produisent au quotidien pour des millions de Français.

On pourrait le faire, mentionner les centaines de cas d'autocensure imposée, mais cela nous serait immédiatement reproché. Après tout, on ne meurt pas d'assassinat en France lorsqu'on est journaliste. On meurt de désespoir ou d'inanité, à force de se

57. De la loi sur le secret des affaires aux privatisations en passant par la *flat tax, l'exit tax,* la suppression de l'ISF, le CICE et bien d'autres dispositifs plus discrets, l'on ne compte plus les mesures ayant eu pour visée d'alimenter les intérêts des individus qui les appuient, créant un système d'impunité qui parallélise une réduction des libertés publiques, *via* l'intégration de l'état d'urgence dans l'état de droit, et toute une série de dispositions législatives et réglementaires régulièrement dénoncées.

laisser étouffer ou écraser pour avoir affronté un pouvoir et refusé de céder. On meurt aussi par compromission ou précarité, car les mécanismes visant à faire taire les courageux sont bien plus insidieux que dans un pays autoritaire, où il faut en passer par des organes comme le CSA – ici seulement à la solde du pouvoir, composé de membres grassement rétribués récompensant la servilité des uns et des autres, contrôle illusoire d'une déchetterie grandissante mais incapable de se faire respecter – pour faire censurer des informations. On meurt de chômage ou de pression, d'humiliation et de frustration. La violence politique en nos régimes sait arborer les atours de la modernité.

Nous pourrions parler de tous ces effets d'un fonctionnement oligarchique où chacun tire pour défendre ses intérêts, mais cela serait, encore une fois, faire peser sur les petits soldats et non leurs responsables le poids d'un système fait pour les écraser.

En France, l'information se dilue, étouffe sous l'effet de la bêtise et de la servilité, et cette bêtise et servilité sont produites, recherchées. Aucun des oligarques n'aurait l'idée, après avoir investi des millions pour les racheter, de perdre quelque argent pour le bien de ces médias qu'ils assurent détenir dans le but de défendre la démocratie. Seul Bernard Arnault laisse la besace du *Parisien* absorber toujours plus de déficit afin d'en rendre impossible toute émancipation. Pourtant, tous les journalistes prétendent y croire et continuent de penser que, tant que, contrairement à Bolloré, personne n'aura la bêtise d'intervenir directement, leur indépendance sera assurée. Criant à leur indépendance, niant tous les mécanismes de contrôle et d'écrasement déployés, ils croient défendre leur dignité, là où ils se rendent complices, devenant les relais d'un système qui ne cesse de les exploiter. Non, en France, personne ne prend la peine de tuer. Il suffit d'acheter.

22

Pourquoi ces liens sont-ils si rarement explicités, et plus rarement encore dénoncés ? Car si l'information en France n'est plus produite dans sa grande majorité qu'en puisant à la source des traîtres des camps qui composent le Petit-Paris – *Le Canard Enchaîné* et *Mediapart* ayant systématisé ce fonctionnement, jusqu'à se voir à plusieurs reprises épinglés – en exposer les liens qui les dominent reviendrait à se priver desdites sources d'information, prenant le risque d'ouvrir une guerre de tranchées où tous s'effondreraient.

C'est ainsi qu'il faut aller se fournir auprès des rares journalistes qui ont été brutalement éjectés du système comme Aude Lancelin ou ont persévéré coûte que coûte comme Marc Endeweld, pour trouver à apprendre au sujet des liens troubles entre Macron et les oligarques. C'est ainsi surtout qu'aucune remise en question n'intervient jamais, y compris lorsque l'on découvre qu'une information essentielle, pendant des mois ou des années, aura été masquée. Il n'y eut aucun réexamen du traitement d'Emmanuel Macron au *Monde* ni ailleurs après la campagne présidentielle et la révélation des liens oligarchiques qui l'avaient nourri. Le soutien béat du journal de référence à celui qui fut, des mois durant, présenté comme issu divinement de la cuisse d'un Jupiter, a duré et perdure toujours, multipliant des éditoriaux qui, sans conscience, reprennent la ligne gouvernementale, parfois en l'aggravant.

On a compris que nulle force étrange ne censurait systématiquement les centaines de journalistes politiques qui, à Paris, ont pourtant pour fonction de révéler les mécanismes d'ascension et de chute de nos dirigeants. Et c'est probablement ce qui apparaît effrayant. Nul besoin de censure ou d'espaces publicitaires, puisque les journalistes s'en font naturellement le relais. Les seuls *Libération*, *L'Express*, *L'Obs* et *Le Monde* auront dédié plus de huit mille articles à M. Macron entre janvier 2015 et janvier 2017 alors que rien de remarquable dans son action politique ne se manifestait, soit autant qu'à l'ensemble des candidats de gauche réunis[58]. Financée par la société, formée dans les meilleures écoles de notre pays, la crème des journalistes politiques, celle qui a accès aux puissants, qui a pour mission de contrôler les politiques au pouvoir au nom de la société, s'y est donnée tout entière, et semble l'avoir fait volontairement. Expliquer cette servitude volontaire et les liens de corruption qui l'ont provoquée, est devenu notre mission. Car ce que nous venons de révéler n'est pas grand-chose. Nos trois camarades auteurs de l'enquête sur Michèle Marchand n'ont pas seulement omis de nous informer sur l'un des vecteurs fondamentaux de l'opération de propagande qui a mené M. Macron, sans enthousiasme de la population, à présider aux destinées de notre pays, et renforcé ainsi *in fine* un Rassemblement national se gargarisant de leurs compromissions. Les auteurs se sont refusés à creuser les rapports entre Niel et Arnault, et entre Arnault et Macron. Eux qui les connaissaient ont privé le peuple français d'informations cruciales à l'heure de se décider. Et là, nous commençons à nous inquiéter.

---

58. Vincent Ortiz, « Comment les médias ont fabriqué le candidat Macron », *Le vent se lève*, 02 février 2017 [En ligne].

23

Puisque le sort de M. Lagardère est réglé, continuons par cet autre chemin : à savoir que, selon
l'un des auteurs de *Mimi*, Michèle Marchand a
aussi été chargée de *contrôler l'image* – c'est-à-dire
de faire taire toute information compromettante – d'un autre oligarque : Bernard Arnault,
première fortune de France, quatrième fortune
du monde, doté de soixante-dix milliards de
patrimoine et propriétaire du groupe de luxe
LVMH. Cela pourrait sembler aussi insignifiant que « l'amitié » entre Niel et Macron, si
on oubliait de préciser une autre information
que la bienséance et les conventions bourgeoises
amènent le plus souvent à esquiver : Xavier Niel

vit avec Delphine Arnault, fille et héritière de Bernard Arnault.

Là, le lecteur innocent s'interrogera : en quoi cela serait-il si important ? Après tout, ne nous a-t-on pas appris à ne pas nous mêler de la vie intime des gens, qu'ils soient faibles ou puissants ? Ne nous le rabâche-t-on pas, sur un air indigné, dès que l'on se permet de s'exprimer à ce sujet ? N'est-ce pas le mantra de ces mêmes journalistes politiques dont on interrogeait l'utilité, eux qui se montrent en public saturés de pudeurs et de silences, de bien-séances et d'aveuglements, sans oublier de partager cancans et ragots dans l'entre-soi de leur rédaction, s'inhibant dès qu'il s'agit de les écrire, de les publier, acceptant tous les compromis que leur imposent leurs sources, passés d'armée de réserve des puissants à scribes attitrés de ces derniers ?

Rappelons que M. Arnault, grand propriétaire de médias, est aussi le premier annonceur de France. Il détient un droit de vie et de mort sur n'importe quel organe de presse, et cela, les journalistes en sont particulièrement conscients. Combien d'articles et d'enquêtes à son sujet censurés ! Voilà que l'on mesure un autre des effets délétères de la concentration de richesse, ce poids que mécaniquement elle accorde aux plus puissants, leur offrant toute guise pour s'imposer sans même rien avoir à réclamer. Arnault n'a pas hésité à faire retirer des publicités de quotidiens qui lui déplaisaient, les menaçant de faillite pour leur faire comprendre ce qu'ils auraient à débourser s'ils décidaient de s'attaquer à lui. Il est le premier à avoir lancé une cabale contre *Le Monde* afin d'en faire tomber la direction, retirant ses journaux de ses imprimeries pour l'assécher, parce que ledit journal avait critiqué l'alors président, aux côtés de Bolloré et Lagardère. Bernard Arnault, détenteur d'une fortune qui pourrait faire vivre plusieurs nations, qui a voulu s'exiler fiscalement pour favoriser l'héritage de ses brillants enfants, qui a intenté un procès à *Libération* pour avoir ironisé à ce sujet.

Bernard Arnault donc, qui fait et défait les princes, et dont étrangement, on ne dit rien des compromissions et corruptions, des liens d'influence et des relais invisibles, des affidés et exécutants dont il use et dispose depuis des décennies.

Ce même Bernard Arnault qui emploie donc, lui aussi, une certaine Mimi Marchand.

Lors du fameux entretien du Trocadéro qu'il mena avec Edwy Plenel face au président, le journaliste Jean-Jacques Bourdin, sous les regards attentifs de tout le pays, s'était autorisé l'indécence: révéler que le principal bénéficiaire en France des politiques fiscales du nouveau gouvernement de M. Macron était justement Bernard Arnault. Et que ledit Bernard Arnault entretenait avec le couple Macron des rapports intimes. Qu'ils étaient, en somme, amis.

Cachez ce sein que nous ne saurions voir! Ce rapport intime entre un milliardaire et un président, ainsi exposé, suscita l'indignation!

Au nom de quoi exposer un tel fait? Le président n'a pas d'ami, c'est même lui qui le dit! Le cirque médiatique qui s'enclencha aurait fait rire qui ignorerait tous les drames que ces compromissions provoquent par ricochet. Drôle de phrase d'ailleurs qu'eut le président, surpris soudain par une telle audace d'un journaliste, et qui ne sut que répondre: « Je n'ai pas d'amis ».

Surprenant, d'autant plus si l'on connaît un peu Xavier Niel, qui depuis des années ne cesse de répéter: « Comme tous les riches, je n'ai pas d'amis ». On ne sait par quelle métempsychose la parole de Niel est devenue macronienne – enfin, on ne le saurait pas, si l'on n'avait su qu'ils étaient « amis » – mais dans le même temps, on l'aurait peut-être compris si l'on avait véritablement écouté ce même président qui ne cessait de dire, candidat, qu'il fallait rêver d'être milliardaire. Anecdote insignifiante que la porosité de ces discours. Et pourtant.

On ne sait par quelle métempsychose la parole de Xavier Niel est devenue macronienne.

Car on ne savait pas que Niel et Arnault étaient amis.

24

On ne mentionne pas, puisque ce n'est pas le sujet, ce que M. Niel a obtenu chez Madame Hidalgo avant de se servir chez M. Macron, reconnaissant au point d'annoncer à la place de son protecteur l'ouverture d'une école 42 à Alger[59]. On ne mentionne pas la litanie délirante de politiques publiques mises en œuvre par M. Macron pour protéger ceux qui l'ont fait roi.

Nous découvrirons cependant que le directeur de la rédaction de *Mediapart*, qui a opiné du chef à l'affirmation de M. Bourdin, savait

---

59. Yoann Ferret, « Emmanuel Macron annonce l'ouverture d'une école 42 à Alger, en présence de Xavier Niel », *Freenews*, 07 décembre 2017 [En ligne].

que M. Arnault et M. Macron étaient amis. Il ne l'avait pourtant jamais publié, ni à *Mediapart*, ni ailleurs. *Mediapart*, cet organe de presse courageux, que j'estime tant, mais qui n'a su exister qu'en rentrant à plein régime dans ce marché de la compromission qu'est celui de l'information parisienne, protégeant ses puissantes sources pour en dénoncer d'autres, jouant de systèmes où toujours un corrompu en recouvre un autre, initiant sous Sarkozy sa mandature en puisant auprès de l'un de ses principaux ennemis des révélations arrachées au cœur de l'État, sans jamais rien dénoncer de ce que lui-même avait produit, aveuglant ainsi d'autant plus un lectorat admiratif d'un courage qui, certes plus important qu'ailleurs, ne faisait *in fine* qu'alimenter la machine qu'il prétendait attaquer.

Jean-Jacques Bourdin venait de trahir un secret qui faisait s'étrangler un président et susciterait son indignation[60]. Cela aurait dû générer un torrent d'investigations : mais comment ? Se pourrait-il que M. Macron ait été influencé par cet homme ? Depuis quand se connaissaient-ils ?

---

60. Voir, entre autres : Romain Hereros, « Bernard Arnault est-il vraiment "l'ami" d'Emmanuel Macron, comme l'a dit Jean-Jacques Bourdin ? », *Huffington Post*, 16 avril 2018 [En ligne]. Grégory Raymond, « Amitiés avec les milliardaires : Bourdin et Plenel pris à leur propre jeu par Macron », *Capital*, 16 avril 2018 [En ligne].

Quel rôle avait-il joué ? M. Plenel, à la réponse de celui qu'il avait couvé de son regard amical lors des entretiens de campagne que Macron avait octroyé à *Mediapart*, ne dit mot. Serait-ce parce que la conjointe de l'homme chargé d'étudier la caste chez *Mediapart*, Laurent Mauduit, avait jusqu'en 2017 le poste de directrice de communication dans l'un des groupes où M. Arnault détenait ses plus importantes participations, Carrefour, et que l'on n'en avait rien dit ? Ou parce que le gendre de M. Arnault, Xavier Niel, avait investi dans son média, ce que lui et Fabrice Arfi tenteraient maladroitement de démentir, alors que l'évidence s'imposait[61] ? Serait-ce parce que l'avocat de *Mediapart*, Jean-Pierre Mignard, fut un soutien majeur d'Emmanuel Macron, organisant l'une des nombreuses levées de fonds – à la légitimité pour le moins discutable – qu'il fit à l'étranger, en l'occurrence en Algérie ? Ou encore parce qu'Alain Minc, qui fut le grand soutien d'Edwy Plenel au *Monde*, fut avec Jean-Pierre Jouyet le principal vecteur de l'ascension de M. Macron ? On pourrait espérer qu'il n'en soit pas ainsi. Car mon estime et mon admiration pour lui sont immenses, que

---

61. Ces piteuses explications ne méritent, de la part d'un journal sur tant de points admirable, que notre plus insigne mépris : « Est-ce que Xavier Niel est un actionnaire de Médiapart ? », *Libération*, 02 octobre 2017 [En ligne].

Laurent Mauduit est, peut-être du fait de sa proximité avec ce monde, le seul à avoir eu le courage d'une critique radicale des médias, allant jusqu'à déclarer, révélateur : « Quelle rédaction se risquerait aujourd'hui à attaquer Bernard Arnault[62] ? » Et pourtant. Edwy Plenel ne cessa d'osciller, prévenant un peu tard, mais dès juillet 2017, des dangers d'une dérive autoritaire de Macron après avoir appelé à voter pour lui entre les deux tours sur ce même fondement, se montrant indifférent à l'aveuglement de sa rédaction au sujet du pouvoir naissant, semblant ne jamais vouloir lâcher tout à fait celui qu'il n'avait pas cherché à arrêter. Et pourtant donc, voilà de quoi douter, lorsque l'on comprit qu'alors que Martine Orange et bien d'autres journalistes d'investigation faisaient un travail de premier plan pour révéler les compromissions successives de M. Macron – souvent dans un isolement croissant –, aucune conséquence éditoriale n'en fut, jusqu'à la perquisition avortée de leurs locaux, sérieusement tirée. Voilà qu'y compris là où l'on avait trouvé le plus à admirer, inaugurant des « boîtes noires » qui bientôt se feraient plus rares sous chaque article, ce qui fait l'horreur de ces conflits d'intérêts contre lesquels *Mediapart* s'est

62. « Laurent Mauduit : "Quel média se risquerait à attaquer Bernard Arnault ?" », *École du journalisme-News*, 22 février 2013 [En ligne].

érigé en censeur, nous faisait douter : sans vouloir y croire, comment, restant intègre, ne pouvions-nous pas l'envisager ?

Car au-delà de ces suppositions s'impose un fait : face au candidat de l'oligarchie et malgré ses très nombreuses enquêtes fouillées, malgré l'accumulation de faits et de compromissions que *Mediapart* a brillamment permis de révéler, le quotidien ne s'était à aucun moment élevé contre lui comme il l'avait jusqu'alors fait contre bien d'autres politiciens. Que ce soit le fait de déterminismes sociologiques ou de la vieille aversion personnelle que M. Plenel avait pour les autres candidats que *Mediapart* aurait pu appuyer, M. Mélenchon notamment – aversion dont on ne parle également jamais –, importe peu. Nous voyons bien qu'y compris là, une défaillance dans le traitement de l'information s'était imposée.

Et comme par hasard, cette défaillance touchait non pas au fond, toute ligne éditoriale restant libre pour peu qu'elle soit assumée, mais aux fondements d'un pouvoir dont les ramifications oligarchiques gênaient.

25

À l'instant où l'on découvre que les premiers bénéficiaires de politiques fiscales faisant s'évaporer chaque année des milliards – oui, milliards – des caisses de l'État, sont des intimes de M. Macron, et que l'on découvre que cette information était connue par les journalistes, rien n'intervient. À l'exception du *Monde diplomatique*, une *omerta* de fait, qui n'empêche pas la production de l'information mais l'épuise par l'absence de hiérarchisation. Que valent les valeureuses enquêtes des journalistes continuant à faire leur travail, là où une machine de guerre se met en place, recouvrant y compris à *Mediapart* leur engagement d'éditoriaux, couvertures, chroniques, délavant leurs efforts pour faire éclater la vérité ?

Alors qu'il a été établi qu'aucune raison économique ne pouvait justifier l'adoption des mesures fiscales et économiques qui auront fait privilégier à M. Macron le gel des pensions de retraite au maintien de l'ISF et autres mesures scélérates produisant un transfert de ressources massif de la majorité de la population vers un pourcentage infinitésimal de celle-ci, déstructurant d'autant la société, une question se pose : à quoi servent nos médias, désengagés de toute pensée, incapables de traiter l'information au-delà du flux, au nom d'une supposée objectivité qui les écarte de tout discours global, de la politicité nécessaire pour saisir et comprendre ce qui se jouait ?

Sans même évoquer une quelconque compromission, il y a eu là, en cette petite brèche de rien du tout, de quoi être violemment embarrassé. Depuis quand ces journalistes savaient ? Pourquoi a-t-il fallu attendre ce moment où, du bout des lèvres, Jean-Jacques Bourdin a énoncé ce lien d'amitié et interrogé le président sur des politiques fiscales dont tout le monde avait acté l'absurdité ? Et pourquoi cela n'a-t-il pas été fait et refait jusqu'à nous donner la nausée ? Pourquoi aucun enquêteur ne s'est-il interrogé sur le fait que l'austère Monsieur Macron portait des politiques aussi favorables aux plus privilégiés, alors qu'il augmentait l'imposition de tous les autres, en prétendant le faire au nom du bien commun ? Plus simplement, comment et quand avait-il rencontré Bernard Arnault et Xavier Niel ? Et quel rôle avaient-ils joué ?

Ces questions, en un écosystème médiatique sain, auraient permis, peut-être, de découvrir que M. Arnault et M. Niel avaient mis à disposition de M. Macron un appui pour le remercier et l'influencer dans ses prises de décision.

Un appui qui aurait pu prendre le nom de Mimi Marchand.

26

Insistons et approfondissons. Comment se fait-il que les journalistes qui bénéficient d'abattements fiscaux, de privilèges légaux, *nos* journalistes, se soient tus ou aient préféré esquiver toutes ces années ces faits – prétendant qu'il y aurait autrement intention idéologique, comme le fit Fabrice Arfi face à Aude Lancelin sur le plateau du *Media*[63], – alors qu'il s'agit d'interroger une indéniable causalité ? Pourquoi, une fois les faits révélés, ne se sont-ils pas jetés sur leurs téléphones et ordinateurs pour harceler leurs interlocuteurs et ainsi s'assurer que

---

63. Dont la porosité avec la France insoumise créa sous la direction précédente au moins autant de conflits d'intérêts que ceux que nous venons de dénoncer.

la démocratie n'avait pas été pervertie, que probité et intégrité étaient respectées, que nos valeurs les plus fondamentales étaient protégées ? Pour tout simplement, faire émerger la vérité ?

Se pourrait-il que Bernard Arnault et son gendre Xavier Niel, entre leur pouvoir publicitaire et leurs propriétés, ajoutés aux réseaux qu'ils entretenaient, ces deux individus aient fait subir à *leurs* journalistes de tels moyens d'action et de conformation que leur conscience s'en soit trouvée diluée, déployant un conformisme de tout instant qui, les écrasant, ait fait qu'ils n'aient pas même eu à passer en ce sens d'instruction ? Se pourrait-il que nos journalistes ne se sentent plus redevables à la société, mais à leurs propriétaires, à leurs annonceurs plutôt qu'à leurs lecteurs ?

Se pourrait-il que l'on commence à comprendre comment peu à peu la fabrique de l'information en France s'est effondrée, acceptant avec toujours plus de naturel l'aberrant, faisant s'amollir jusqu'à laisser s'effondrer les valeurs d'une société ?

Nous serions-nous collectivement laissés prendre dans la mélasse d'un sentiment de pourri généralisé, alimenté non pas par la vigueur d'une certaine presse, mais au contraire par son incapacité à dénoncer, à se défaire de liens incestueux avec le pouvoir qui partout ne cessent de se déployer ?

Se peut-il qu'au fondement de cette dégradation, de cette perte absolue d'énergie et de convictions qui transforme les journalistes, souvent précaires, en zombies, se trouvent les clefs de leur asservissement aux mains de quelques milliardaires ayant un tel pouvoir qu'ils n'ont même plus besoin d'en user ?

Pourquoi a-t-on attendu que le peuple se soulève pour commencer, enfin, à dénoncer ce qui jusqu'ici apparaissait naturel – des politiques fiscales brutalement, socialement injustes, produites au service de quelques-uns – si ce n'est parce que l'asservissement s'était installé ?

Et pourquoi, face au soulèvement, a-t-on préféré y chercher les racines d'un mal pourtant omniprésent dans les rédactions, ce fascisme auquel on cherchait à réduire ce peuple révolté, et dont on voit pourtant les représentants à chaque plateau télé, invités et glorifiés par les journalistes qui le considèrent comme l'égal de toute autre force politique ? Pourquoi a-t-on tenté de salir ceux qui, face à ces intérêts privés, s'insurgeaient ?

Se pourrait-il que tous ces êtres soient devenus des défenseurs d'une classe de privilégiés, plutôt que d'une idée, celle de vérité ? Et que ceux qui tenteraient de s'y opposer se trouvent si minoritaires qu'ils aient fini écrasés ?

Où sont les dizaines de unes, miroirs de celles qui vantaient les mérites intimes de M. Macron et de sa femme, interrogeant ses liens avec Messieurs

Niel et Arnault – dont on sait parfaitement que le sujet, en termes de vente, aurait été aussi – si ce n'est bien plus – excitant, que toutes ces unes mièvres que l'on justifia par d'absurdes prétentions à l'économicité – unes qui auraient dû paraître dès le lendemain de la publication de *Mimi*, sans jamais cesser ? Unes qui auraient dû, avec une immense violence, traquer les raisons de la suppression de l'ISF, jusqu'à ce que le doute ne soit plus permis, écrasant le pouvoir de ses velléités de compromission, lui exigeant de démontrer la source de ces fumeuses théories du ruissellement ? Ou, sans à aucun moment l'argumenter, lorsqu'il promulguait la loi scélérate sur le secret des affaires ? Où est donc passée cette absence de pudeur qui amène tout le monde à parler de la vie privée des puissants lorsque ces derniers en décident, et à se taire dès qu'elle pourrait les gêner ? Où sont ces photographies et ces papiers chargés de décortiquer non pas les yeux bleus du président, mais ses relations d'intérêt ? Non pas ici et là une enquête, mais partout et tout le temps, des dizaines de unes et de reportages, inquisiteurs et argumentés ?

Où sont ces journalistes capables de nous démontrer que tout cela n'est que fantasme, que lorsque Bernard Arnault se dit « fier que LVMH habille la première dame », il n'y a rien à en déduire, pas d'inquiétude à avoir, pour nous convaincre de ce que tout le monde est censé croire : qu'il est évidemment blanche colombe, qu'il n'y a rien à suspecter ?

Des journalistes qui, plutôt que de clamer leur indépendance, se battraient pour leur dignité non en prétendant être défaits de tout asservissement, mais en réclamant un droit à sortir de la tutelle de l'argent dans laquelle ils sont placés ? Où sont les confrères qui se sont joints à ceux qui, à *L'Express* tentaient de s'opposer à Drahi ; à *L'Obs* et au *Monde,* ceux qui ont brisé Niel et Pigasse lorsqu'ils détruisaient Lancelin et Kempf[64], s'élevant pour réclamer que l'on ne défende pas leur corporation, mais leur droit à exercer librement ?

---

64. « Hervé Kempf quitte le quotidien *Le Monde* en août 2013, ses derniers liens avec le journal sont officiellement rompus le 2 septembre 2013. Le journaliste justifie son départ par le refus répété de la direction du journal de le laisser réaliser des reportages sur le projet d'aéroport de Notre-Dame-des-Landes. » Sa notice Wikipedia cite toutes les sources concernant son départ.

27

Le lien entre Xavier Niel, Bernard Arnault et Arnaud Lagardère n'est pas qu'oligarchique. Leurs alliances circonstancielles se fondent sur une proximité géographique. Ainsi Arnault racheta son hôtel particulier à la veuve de Lagardère, rue Barbet de Jouy, avant que son fils ne déménageât auprès de Xavier Niel, villa Montmorency. Leurs rapports sont constants, faits de haines aberrantes et d'intérêts réconciliés. Les politiques passent, et leur soutien à ces derniers varie, de dîners en petits-déjeuners, avec pour seule variable leurs intérêts. Tous ont été un jour ou l'autre invités en leurs demeures et ont découvert la froideur proverbiale de Bernard Arnault. Sous les ors et entourés d'œuvres d'art défiscalisées, majordomes en livrée, l'on sert et se sert les meilleurs vins et l'on socialise précautionneusement, organisant dons et contre-dons, s'échangeant des anecdotes qui fuiteront plus tard dans le Petit-Paris et n'atteindront jamais les Français. Le trafic de l'information, omniprésent, n'y est pas maximisé, car l'intelligence, contraire-ment à ce que l'on pourrait penser, ne règne guère en maîtresse dans ces lieux que j'ai plus d'une fois fréquentés. La petitesse, faite d'humiliations réci-proques, de rivalités infantiles visant à détruire telle personne pour se venger de telle affaire, est, elle, omniprésente. Tout obéit à une doxa garante d'une liberté de commercer qui seule semble inté-resser. Beffa me racontera comment, à la tête de Saint-Gobain, il perdit deux ans de sa vie pour résister à une offensive oligarchique terrifiante qui faillit mettre *son* entreprise au tapis. Betty Lagardère fut maltraitée par Bernard Arnault après une offensive de charme ayant pour seul objectif de récupérer le lieu où son rival honni l'avait humilié. Les déjeuners au Bristol ou au Georges V s'ensuivent de partages plus raffinés, pour les hôtes les plus privilégiés et importants, au sein des hôtels particuliers. On y reçoit les hommes politiques qui, impressionnés, se voient ainsi amenés, pas à pas, à s'habituer à l'état des choses, sont présentés aux héritiers, apprennent les intérêts de socialiser là en découvrant le lendemain un article laudateur qu'ils n'avaient pas anticipé. On les invitera ensuite à des événements mondains, de défilés de mode en inaugurations, les transformant pas à pas, dans leur grande naïveté, en agents d'influence et soldats de l'existant. Attention à la transgression, qui pourrait de ces mondes vous expulser. Votre valeur marchande dépend de votre capacité à vous soumettre et alimenter ces lieux-là. Brigitte Macron en aura été.

Et l'affaire Marchand, de Niel à Lagardère, mise en branle afin de la flatter et la rassurer, lui aura permis son intégration à un monde qui la dépassait. Comment ne pas rester fidèle à ces chers amis qui auront permis de restaurer sa dignité face aux rumeurs qui la ciblaient?

Bien entendu, ce qui se joue en amont doit être alimenté en aval, et c'est là que nous retrouvons l'importance des gestes qui viendront, ici et là, rassurer les agents d'influence les plus influençables au sein des rédactions. L'affaire Vuitton n'est qu'un exemple parmi des milliers, de micro-événements chargés de travailler la conformité. Comment prétendre que cette proximité resterait sans effet, et serait sans intérêt, alors que c'est là son seul pourquoi? Comment penser que Bruno Jeudy, valet de tous les pouvoirs, capable de la moindre opération de communication qui lui serait commandée, se serait comme Giesbert montré indifférent aux milles frottements que les puissants leurs auront proposé ? Le cercle qui se créé, infernal, se clos lorsque les invitations initiales trouvent suite une fois les hommes politiques ainsi favorisés propulsés au sein des palais de la République. Là, avec tous les ors que le pays a produit, se rendent les faveurs auparavant données. Les journalistes, parfois, sont invités, comme on l'a vu avec l'affaire Vuitton. Comment prétendre que cette proximité resterait sans effet, et serait sans intérêt alors qu'elle est sa propre cause ? Car ces invitations trouvent leur suite quand les hommes politiques ainsi favorisés sont à leur tour propulsés dans les palais de la République. C'est ainsi que Macron invitait, plusieurs fois par jour, dans les restaurants du ministère puis dans ses appartements privés, la fine fleur de l'élite parisienne aux frais de l'État. L'épuisement de ses commis provoqua quelques fuites, notamment sur les venues de M. Arnault, dûment récompensé de sa fidèle amitié.

Notre réquisitoire ne s'en tient pas là. Car une fois le fait relationnel entre le président et les oligarques établi, n'aurions-nous pas dû aller chercher les compromissions et conflits d'intérêts qu'il pouvait susciter ? Des données permettant de prouver les interventions dans l'espace public de ces oligarques en faveur de leurs protégés ? Les recrutements, mises à l'écart, promotions et autres faits ?

La léthargie dans laquelle se trouve la quasi-totalité de la presse française pourrait sembler ahurissante. Son absence de qualité est manifeste pour quiconque, venant d'Italie ou d'Allemagne, d'Espagne, du Portugal ou même d'Angleterre, a été habitué à des démocraties moins écrasées. Comment demander à *Libération*, qui atteint douloureusement les trente pages quotidiennes et dont la rédaction, massacrée, dépend des maigres revenus publicitaires qui lui parviennent encore, d'enquêter pour savoir depuis quand M. Macron est devenu ami du couple le plus fortuné de France, d'expliquer comment il a accédé à ces individus, contre quelle engeance on obtient leur estime puisqu'il n'y a, *dixit* Xavier Niel – et on commence à comprendre le sens de sa phrase – nulle amitié dans ces rapports ? Comment demander à un des journaux appartenant à l'oligarque de déflorer ce qui est de l'ordre de l'intime, du subjectif, de l'apport le plus précieux que pourrait produire le journalisme, mais qui pourtant l'expose d'autant plus, exigeant un travail de mise en perspective que le corset juridique actuel pourrait immédiatement dévaster ?

Nulle amitié en ces rapports ? Soit, on commence évidemment à le comprendre, seulement des intérêts. L'enfant d'Amiens, venu seul à Paris, fuyant l'oppression familiale pour se construire un destin grâce à un amour tant de fois magnifié, était décidément bien accompagné.

Nous pourrions nous montrer timorés, et malgré l'accumulation d'évidences, remettre en question ce que nous avons révélé. Quel est après tout le lien entre cette fable contée au grand nombre, et le masque qu'immédiatement elle pose sur les relations que nous venons de mentionner ? Pourrait-il s'agir de pure corrélation, ou y aurait-il volonté de masquer l'un en mettant en scène l'autre ? S'agirait-il en somme, dès le départ, d'une fabrication ?

La légende aura voulu qu'un gentilhomme de *province*, projeté sans le sou dans Paris, se soit dévoué au bien commun à la suite de brillantes études avant d'être propulsé aux plus hautes responsabilités de l'État, sans jamais être compromis. C'est cette histoire que, de *Paris Match* à France Télévisions, des journalistes par centaines ont racontée, dépensant des fortunes pour mettre en scène documentaires, récits, enquêtes et portraits, et relayer une fable fabriquée.

Remettre en question ce récit, comme le tentèrent quelques voix très minoritaires, se vouer à l'atroce cliché qui voudrait que le candidat ait été choisi et soigneusement propulsé par ses amis – pardon, ses oligarques – et qu'il n'avait rien de l'innocent provincial se sacrifiant au bien public que l'on déifiait alors, était-il envisageable?

Tentez le mot – compromission, oligarchie – et entendez déjà s'indigner tous les petits soldats du régime, ces journalistes qui qualifient toute mise en doute de leur intégrité de complotisme, eux qui ne cessent de dénigrer la moindre remise en question de leur ordre établi en l'attribuant à on ne sait quelle psychologisation de bazar ou influence de l'étranger! Tentez le mot auprès de ceux qui arguent de leur absence de servilité, tout en ne se trouvant jamais en désaccord avec l'ordre, écrasant de leur morgue et de leur mépris les dissidents qui oseraient les questionner; tous ceux-là qui, tout en clamant leur liberté, n'auront cessé pendant cette période de dissimuler ces faits, qu'ils partageaient, excités, entre déjeuner et dîner, et qui, par leur récit avarié de la campagne présidentielle, portent une immense responsabilité dans l'effondrement du régime auquel nous sommes en train d'assister.

On les entend déjà s'indigner, ou plus violent encore, rester silencieux. Eux qui nous ont montré et démontré qu'on ne pouvait pas leur faire confiance. Bêtise ou aveuglement, compromission active ou passive, qu'importe: refuser de comprendre que tout rapport « d'amitié » entre un oligarque détenant des moyens d'agir supérieurs à ceux d'un État, possédant le média dans lequel ils agissent, et un président, est une donnée, par nature, politique qui devrait être traitée ; tout comme leur lien avec cet oligarque, et donc avec ce président, qui ne peut que les affecter.

Le nier, c'est ajouter la pleutrerie à leur compromission.

Il faut les entendre et se dire que même si l'on croyait à leur bonne foi – si l'on croyait qu'il n'y avait rien à soupçonner de ces liens non explicités, que rien n'en aurait été tiré – tout cela aurait *a minima* exigé de mobiliser d'immenses moyens d'enquête pour fermer le clapet à ces complotistes et autres ennemis de la démocratie qui, non contents de voir le mal partout, oseraient prétendre qu'il y aurait à Paris – centre des Lumières et du Monde – un cloaque où les politiques se vendraient aux financiers entre déjeuner et dîner, sous le regard absent de journalistes exploités.

D'évidence, rien de tout cela ne sera fait car, d'évidence, tout cela ne saurait exister.

28

Disant cela, rendons hommage à ceux qui, isolément, ont tenté de riposter face au déferlement. Ils ont été ostracisés. L'un d'eux, en un seul ouvrage, a mis le fer dans la plaie. *L'Ambigu M. Macron* de Marc Endeweld, le journaliste de *Marianne,* a tiré le premier et le plus fort. Cet ouvrage, alors que personne ne comprenait rien au phénomène Macron, ne sera chroniqué ni au *Monde* ni au *Figaro.*

Regardé avec dédain, on le laissera passer, préférant s'intéresser et s'exciter au récit que Lagardère et Niel, Arnault et Marchand fabriquaient, avant de servir la soupe aux ouvrages de commande qui, des éditorialistes du *JDD* à ceux de *Challenges,* chercheront à éclairer nos lanternes sur ce supposé miracle ainsi venu.

Marc Endeweld, son livre écrit, démissionnera du journal *Marianne* à la suite de son rachat par un oligarque tchèque, Daniel Kretinsky[65], achetant également des parts dans les médias de Lagardère, dont *Elle*, y nommant ce cher Denis Olivennes, avant de racheter les parts de Pigasse dans *Le Monde*, pour préparer son rachat d'*Engie*, que M. Macron s'apprête à privatiser entièrement après que Sarkozy, pour trouver des soutiens à sa campagne de 2007, eut autorisé l'ouverture de capital d'une entreprise dont il promettait qu'elle « ne serait jamais privatisée », concurrençant ainsi Dominique de Villepin qui lui, concédait les autoroutes à Vinci.

L'histoire se répète et nous enfonce. Avant l'oligarque tchèque, un autre oligarque, Patrick Drahi, domicilié en Suisse, avait racheté *Libération*. Cet achat s'était fait sur demande expresse de François Hollande. La demande avait été relayée par Emmanuel Macron, alors secrétaire général adjoint de l'Élysée, n'ayant pour vocation, entre l'affaire Alstom, ses tentatives – déjà ! – de privatisation de la Française

---

65. Benoît Daragon, « Qui est vraiment Kretinsky, le Tchèque qui rachète la presse française ? », *Le Parisien*, 28 octobre 2018 [En ligne].

des jeux et d'Aéroports de Paris, des Aéroports de Toulouse et de Lyon, et ses multiples compromissions comme celle qui amena aux étranges bénéfices de M. Lagardère, que d'augmenter son crédit auprès du Petit-Paris. Sombre histoire de billard à trois bandes. Alors que Bouygues était soutenu par Arnaud Montebourg, pour se voir autoriser au rachat de SFR, Patrick Drahi devait faire preuve de générosité. *Libération* était mal en point. Patrick Drahi comprit, et demanda à Bernard Mourad de s'en occuper. Son offre, avec l'aide de Bolloré, fut acceptée, et provoqua la suppression de cinq mille emplois. Cela, ce n'est pas nous qui le racontons. C'est un des hommes de main de M. Drahi, Bernard Mourad, intime d'Emmanuel Macron. L'anecdote est livrée par *Vanity Fair* dans un portrait de décembre 2018, si complaisant que ni le journaliste ni le portraituré ne semblent se rendre compte de la gravité des faits énoncés. M. Mourad y expose sans se gêner les modalités de la constitution d'une oligarchie, un polytechnicien endetté à hauteur de trente milliards d'euros trouvant l'appui d'un président pour acheter une compagnie téléphonique contre la mise en place d'un système visant à appuyer sa réélection, avant d'y nommer M. Joffrin, camarade de promotion de François Hollande et plume anonyme de ce dernier, à la tête de la rédaction. Bernard Mourad, lui, sera nommé à la tête de ce média ainsi que de *L'Express*, RMC et BFM TV, eux aussi rachetés par Drahi, où, le dit-il lui-même, il suggère des couvertures sur son ami Emmanuel Macron – et pas n'importe lesquelles, *L'Express*, dès 2014, annonçant la couleur avec en titraille : « La Bombe Macron ». Macron le remerciera de ses services en le nommant conseiller pendant la campagne présidentielle avant de confier à Bank of America France le mandat de privatisation d'Aéroports de Paris, où Bernard Mourad sera nommé quelques mois plus tard. Entre-temps, face à l'effondrement de Hollande, *Libération* et *L'Express* s'étaient un temps mis en ordre de bataille pour faire la campagne de Manuel Valls, avant de se rabattre, comme les autres médias, sur l'*intime* Emmanuel Macron au moment où ce dernier s'effondrait. Quant à BFM TV, la chaîne offre au candidat que personne ne connaissait une exposition égale à l'ensemble des autres candidats réunis[66]. Un système créé pour soutenir la réélection d'un président s'était fondu avec grande naturalité

---

66. Entre novembre 2016 et février 2017, ses discours de meetings ont été retransmis sur BFM TV pendant un total de 426 minutes, contre 440 pour ses adversaires principaux.

dans le soutien au suivant, produisant, car c'était là sa finalité, l'asservissement attendu[67].

---

67. Bernard Mourad tenterait bien de nous convaincre que Patrick Drahi n'avait ainsi agit que par pitié après qu'une journaliste de *Libération* lui ait dit : « vous allez investir quatorze milliards d'euros dans SFR, vous pouvez bien investir quatorze millions dans *Libération* ». Il me convainquait davantage lorsqu'il m'expliquait que Patrick Drahi n'avait en fait que peu d'intérêt pour les médias, et qu'il n'avait investi dans plusieurs d'entre eux qu'après que Martin Bouygues ait menacé de mobiliser tous ses relais politiques pour le contrer. M. Mourad m'affirmerait par ailleurs que François Hollande s'était contenté de féliciter M. Drahi de l'opération qu'il avait mené auprès de *Libération*.

29

Dix jours après son entretien avec Plenel et Bourdin où il prétendit ne pas être l'ami de M. Arnault, M. Macron invita donc M. Arnault à la table présidentielle du dîner d'État donné par Donald Trump en l'honneur de la France. Mais, enfin, après tout, cela relevait probablement du hasard, et encore : en quoi, si cela se vérifiait, cela devrait intéresser le public ? Après tout, qu'importe ? N'est-il pas naturel, entre gens de talent, de s'apprécier et de se fréquenter ? Pourquoi ne pas croire aux bonnes fées ? N'y aurait-il pas facilité à attribuer aux fréquentations des uns les choix politiques des autres, alors qu'une législation puissante contrôle le financement de la vie publique et que nulle trace de compromission n'a été identifiée? Pourquoi interrogerait-on l'insistance délirante avec laquelle le président, outre la suppression de l'ISF, défend le maintien du CICE qu'il a créé et qui, chaque année, coûte au moins vingt milliards à l'État, pour un effet sur l'emploi insignifiant? Comment penser que cela expliquerait que Bernard Arnault ait signé une tribune pleine page dans son journal *Les Échos* pour soutenir son non-ami Emmanuel Macron, sans préjuger du léger signal adressé à ses journalistes-employés sur la conduite à tenir à l'égard de celui-ci? Comment s'indigner qu'on ait masqué les liens d'amitié, parfois même les collaborations, avec des puissants qu'on est censé contrôler objectivement, en arguant, exactement comme les oligarques, du respect de la « vie privée[68] »? Comment s'étonner qu'on se vante publiquement d'habiller la femme du président, tout en prétendant n'en tirer aucun bénéfice commercial[69]? Serait-ce *in fine*, en effet, une question d'amitié?

Crépuscule

68. Bernard Arnault, « Pourquoi je vote Emmanuel Macron », *Les Échos*, 05 mai 2017 [En ligne].
69. Katia Fache-Cadoret, « Le lien entre Brigitte Macron et LVMH est plus ancien qu'on ne l'imaginait », *Marie Claire*, 20 juin 2017 [En ligne].
Sophie Levy Ayoun, « Brigitte Macron : première dame et... égérie de Louis Vuitton », *Capital*, 9 mai 2017 [En ligne].

Tous ces éventrements indignes de la bienséance bourgeoise ne sont encore pas grand-chose pourtant, même s'ils en ont déjà provoqué au quotidien, des éventrements, parmi les citoyens. Récapitulons. Du candidat sans programme pendant près d'un an de campagne présidentielle, qui peinait à emplir des meetings dont il fut montré qu'ils étaient artificiellement animés, un ouvrage nous a permis de découvrir les sources d'un matraquage médiatique inédit, ainsi que les raisons du suivisme qui, sans contrainte supplémentaire, l'a fait supporter par une majorité des médias afin de consacrer cet individu préalablement coopté par un petit cercle pour appliquer des politiques extrêmement favorables à celui-ci.

Que ce matraquage médiatique n'a été compensé, contredit, par aucune enquête approfondie, si ce ne sont quelques tentatives isolées très rapidement écrasées.

On sait bien la nature grégaire de l'être humain, et ses difficultés, face à un phénomène que tous présentent comme naturel et de masse, à préserver son jugement.

On voit bien les effets que cela a produit.

30

Rappelons à cet instant que les constitutions de fortunes ne sont pas miraculeuses. Leur lien avec le politique, et leur capacité à l'influencer, sont déterminants dès lors que ces fortunes se comptent en milliards et plus en millions.

Les constitutions des destins politiques en France, cette si glorieuse démocratie que nous ne cessons de vanter, ne doivent pas tant aux vertus et qualités intrinsèques des uns et des autres qu'à leur capacité à séduire et à servir ces oligarques, dont on a vu qu'ils étaient capables d'investir des centaines de millions dans des médias pour nous faire croire à leur désintéressement.

Rappelons les modalités de constitution de la fortune de M. Arnault, devenu le plus riche d'entre nous : c'est bien grâce à une scandaleuse opération effectuée aux dépens de l'État, le rachat des entreprises de tissage Boussac, que la fortune de M. Arnault s'est constituée. Ce rachat, ou plutôt cette déprédation, a été effectué par la grâce d'une faveur politique octroyée lors des années quatre-vingt par un certain Laurent Fabius. Près de cent millions d'euros seront avancés par l'État à condition que M. Arnault en mobilise la moitié, ce qu'il ne fera même pas, pour qu'il s'offre un portefeuille de marques qui comptait entre autres les très rentables parfums Dior et Le Bon Marché. Des entreprises parapubliques et le tristement fameux Crédit Lyonnais vont être mobilisés sous la houlette d'Antoine Bernheim pour permettre à M. Arnault de construire en quelques années, à partir des réseaux que lui offrit l'État *via* ses études et l'entregent que la fortune familiale autorisait, un empire. *Via* des emprunts publics, l'effacement de dettes, des prêts d'État et une série interminable d'interventions aux frais du contribuable, il va devenir milliardaire, se débarrasser des branches les moins rentables du groupe et licencier par pelletées, avant de commencer à racheter des médias, chercher à obtenir la nationalité belge pour des raisons fiscales et, face à l'échec de la manœuvre, se lier d'amitié avec des présidents de la République décidés à alléger son fardeau. C'est ainsi que, toute honte bue, Emmanuel Macron n'hésitera pas, une fois élu, à affirmer face à Bourdin et Plenel, que les tentatives de fraude fiscale de ses congénères n'étaient qu'optimisation, à supprimer l'exit tax créée pour freiner l'exil fiscal, et à glisser, avec un sourire plein de sous-entendus, devant la communauté d'expatriés de Bruxelles, qu'il y avait de « bonnes raisons » à s'exiler en Belgique[70].

70. Geoffroy Clavel, « Exil fiscal : Macron évoque les "bonnes raisons" de partir en Belgique », *Huffington Post*, 21 novembre 2018.

31

C'est bien par son lien avec le politique, qui a généreusement mobilisé les ressources de l'État pour subventionner ses entreprises que M. Arnault a fait sa fortune, et c'est bien du fait de ces liens incestueux que M. Macron se montre si complaisant à cet égard. C'est bien par des amitiés et autres connivences alors considérées comme inoffensives, avec M. Fabius plus spécifiquement, que ce M. Arnault est devenu ce qu'il est, au détriment d'un pays tout entier. C'est bien grâce aux politiques promues par M. Macron et ses acolytes que sa fortune a doublé en moins de deux ans, entre 2016 et 2018, passant de trente à soixante-dix milliards d'euros, tandis que le pouvoir d'achat de tous stagnait et que celui des plus fragiles décroissait. Mais surtout, nous rappellerons que si les biens qui fondèrent la fortune du premier furent bradés par un pouvoir aux abois, ce ne fut pas pour éviter une faillite et des licenciements – puisque ces licenciements interviendraient et que l'argent investi par l'État afin d'aider M. Arnault aurait largement suffi à les éviter –, mais parce que ce pouvoir se trouvait à la recherche d'appuis pour se maintenir en fonction et contrer l'inexorable retour de la droite, alors que sa politique économique, à partir de 1983, basculait. Il cherchait, ce pouvoir socialiste, à se constituer un réseau de financiers et de relais médiatiques capables de construire un dispositif écrasant l'espace public et compenser ainsi la trahison de son socle idéologique, le revirement qui se verra nommer « tournant de la rigueur » et l'écartera définitivement de ses bases populaires. Ils le firent chronologiquement dans cet ordre pour se maintenir au pouvoir. Et dévoyer la démocratie.

Et on commence à comprendre comment tout cela peut nous affecter beaucoup plus gravement qu'on aurait pu le penser. Et cela peut même déterminer les destinées d'un pays tout entier.

Le lien entre petite et grande corruption, entre petite et grande politique, entre un CICE créé par un M. Macron encore secrétaire général adjoint de l'Élysée, dispositif ayant coûté à l'État plusieurs dizaines de milliards d'euros et dont le premier bénéficiaire serait le groupe Carrefour – on le retrouve encore là – et le soutien exubérant que ces mêmes grandes entreprises lui octroieraient en retour, commence à se tisser.

Et nous n'évoquons même pas l'impôt sur la fortune, ni la fraude fiscale qui coûte près de cent milliards d'euros chaque année au contribuable et aux usagers des services publics, à tous ceux qui, dans la sixième puissance mondiale, ont du mal à se chauffer.

Complotisme, nous répondra-t-on. Complotisme, que d'avoir reçu de la part de Jérôme Cahuzac la confidence que le programme économique de François Hollande, qui provoquerait l'effondrement du Parti socialiste, comportant l'ensemble de ces dispositions, avait été écrit par lui et M. Macron.

Complotisme, ou intelligence au sens le plus factuel du terme, d'un système où tous tentent de s'aveugler pour nier le rôle qu'ils jouent en son sein, et les raisons pour lesquelles ils ont cessé de chercher, dans ces questions d'amitié qui pouvaient sembler insignifiantes, quelque chose qui pourrait compromettre l'intégrité de notre régime.

La complaisance que les journalistes et hommes politiques ont manifestée à l'égard de ces puissants touche au malsain. Quelque chose ici commence à relever de la criminalité. Car ce sont dix à quinze mille personnes chaque année, selon l'Inserm, qui meurent d'un chômage de masse que nos dirigeants, du fait de leur adhésion à un système économique délétère créé pour favoriser leur carrière et les puissants, ne cessent d'alimenter depuis quarante ans.

Aucune démocratie, sans ces systèmes, n'aurait survécu à ces quarante ans de dévastation du lien social aussi systématique, d'écrasement des salaires et d'explosion des inégalités.

Aucune démocratie réelle n'aurait survécu à la mort de trois cent mille à quatre cent cinquante mille personnes, et à des millions de destins brisés.

Pour qu'une République comme la nôtre survive, elle se doit de consacrer des castes intermédiaires chargées de représenter peuple et société et de contrôler l'action de l'État et de nos gouvernants. Les journalistes, au premier chef, sont chargés de nous informer et de s'assurer que nos représentants n'utilisent pas leur pouvoir au profit d'intérêts privés ou de leurs propres intérêts. Dans le cas contraire, le sens même de notre régime s'effondre, et notre démocratie devient formelle, là où elle était réelle. Quel sens aurait une élection où l'on voterait à l'aveugle, dans l'incapacité de connaître les intérêts qui ont propulsé ses acteurs, de contrôler les récits qu'ils nous livrent de leur parcours, d'en vérifier les duplicités, les sources de leur pensée, les propagandes huilées qu'ils essaient de nous imposer?

32

Cela nous peine, mais notre réquisitoire n'est pas
achevé. De la même façon que l'on ne devient pas
milliardaire sans raison, on ne devient pas président
n'importe comment. Cela est évident. L'exceptionnalité
de la fonction qui consiste à diriger un pays nous fait
trop souvent penser qu'elle serait le fruit de l'exceptionnalité de la personne qui s'en est saisie. Or certains
mécanismes de cooptation et de corruption jouent bien
plus fortement que les qualités que l'on croit intrinsèques
et nécessaires à la direction des peuples. Et Xavier Niel,
qui a décidé – comme Bernard Arnault[71] – d'investir sa

---

71. Que l'on rappelle à ce stade être le propriétaire, non seulement du plus grand conglomérat de luxe au monde, capable
par sa puissance publicitaire de tuer un média s'il le décidait,

fortune dans les médias et pour alimenter ses réseaux, le sait bien.

On ne fréquente pas Mimi Marchand sans raison.

Bien entendu, l'être naïf pourrait le penser. Il faut alors à nouveau le diriger vers *Mimi* qui révèle que Xavier Niel, avant de proposer aux Macron de coopérer avec Michèle Marchand, avait offert à ces derniers d'utiliser ses « réseaux » pour tenter de vérifier et d'éventuellement faire taire une information.

Nous parlons bien là du plus important détenteur de titres de presse du pays. Celui qui a mis la main sur *Le Monde* et quelques autres journaux, tout en prétendant que l'on ne trouverait jamais la preuve d'une intervention directe dans son contenu, étrange admission en creux de ses intentions. Nous parlons bien là du futur président et de la future première dame, Monsieur et Madame Macron, qui acceptèrent ce service, dans un palais au marbre rosé. Et qui par là même, déjà, acceptèrent de s'asservir à un tiers devenu tout-puissant, redevables d'un service qui pourrait à tout moment leur être réclamé. D'une détention d'information

mais aussi directement du plus important média de France, *Le Parisien,* et du seul quotidien d'information économique de notre pays, excusez du peu, *Les Échos,* après avoir achevé *La Tribune,* son concurrent.

qui pourrait à tout moment fuiter. Ils se liaient à jamais à son hypothétique capacité à les faire chanter.

Par chance, l'information en question ne fut pas confirmée.

Le tourbillon qui nous prend ne fait que commencer. Clarifions un autre mécanisme que cette affaire nous permet d'aborder. M. Niel prétend ne jamais intervenir dans les contenus produits par *ses* journaux – ce que n'a jamais pris la peine de dire M. Dassault, propriétaire, lui, du *Figaro* après le rachat par son père du groupe de Robert Hersant, et dont on sait quels accords il tissa avec un autre homme politique, M. Valls, pendant cette période, *via* son père, Serge Dassault. Auparavant, ni M. Lagardère, ni M. Arnault, ni M. Bouygues n'avaient eux non plus prétendu refuser d'intervenir en leurs médias.

Xavier Niel appartient à une nouvelle génération qui a vu la suspicion monter sur ce point, et qui avait pour intention de se saisir d'une rédaction puissante, plaçant son indépendance au cœur de ses priorités. Il a alors inventé une étrange formule, affichant de la distance avec des journalistes qu'en privé il ne cessait de dévaster. Cela pourrait sembler mieux, c'est en fait pire, car cela entretient une illusion que les journalistes s'époumonent à défendre contre toute évidence : celle d'un libre-arbitre préservé. Chacun aura trouvé la façon d'y prétendre. *Mediapart*, par exemple, plutôt que d'avoir le courage de racheter ou faire racheter les parts que M. Niel détient au sein de la société des amis du média, a joué sur cette illusion, en publiant, avant de s'en désintéresser largement, une vraie-fausse grande enquête sur M. Niel qui fera pschit, puisque traitant de tout sauf de ses liens avec le politique[72].

Cette illusion, *Le Monde* aura lui aussi tenté de la jouer, probablement avec sincérité, en publiant une large enquête sur M. Daniel Kretinsky lors du rachat par ce dernier des parts d'un autre petit oligarque, Mathieu Pigasse, sans rien trouver ni indiquer qui expliquerait pourquoi celui-ci s'était soudain pris d'une fringale pour un outil censé rester démocratique et aux mains de la société.

---

72. Laurent Mauduit et Dan Israel, « Les secrets bien gardés de Xavier Niel », *Mediapart*, 6 janvier 2013 [En ligne].
Laurent Mauduit, « Les secrets de Xavier Niel (3). Le jour où le patron de Free a fait fortune », *Mediapart*, 10 janvier 2013 [En ligne].
Martine Orange, « Les secrets de Xavier Niel (4). Le pirate qui sait écumer le Net », *Mediapart*, 13 janvier 2013 [En ligne].
Dan Israel, « Les secrets de Xavier Niel (5). Copilote du nouveau "Monde" », *Mediapart*, 14 janvier 2013 [En ligne].
Dan Israel, « Les secrets de Xavier Niel (6). Le papivore 2.0 », *Mediapart*, 16 janvier 2013 [En ligne].

Cette illusion surtout menace parce qu'elle porte à l'acceptation d'une situation scandaleuse, tout en abaissant la garde et en créant de nombreuses tensions. Cela ne présente que des bénéfices pour ces oligarques nouvelle génération. À quoi bon intervenir directement sur les contenus, lorsqu'on peut s'appuyer sur des hommes et femmes de main comme Michèle Marchand, invisible jusqu'à l'ouvrage de septembre 2018, pour négliger en amont telle ou telle révélation, ou influencer telle ou telle source qui risquerait de trop en dire, ce dont on sera prévenu par les relais discrets placés au sein de l'État? À quoi bon s'ériger en censeur, lorsque l'on sait pouvoir intervenir indirectement dans la production de l'information par le truchement d'un de ses hommes, Louis Dreyfus, un temps à la fois directeur général du *Monde*, de *L'Obs*, du *Huffington Post* et des *Inrockuptibles*, où il était, excusez du peu, en charge du recrutement et du licenciement, des promotions et mises au placard, de la gestion quotidienne des structures alimentant les plus prestigieuses rédactions de Paris, où tous les journalistes de France rêvent d'être recrutés, très conscients de ce qu'ils ont intérêt à masquer pour pouvoir un jour y entrer?

Xavier Niel, nous dit-il, ne censure jamais un article, donc. À quoi bon, lorsqu'il est possible de s'assurer qu'il ne sera jamais publié – par les compétences de Michèle Marchand, les relais au sein de l'État, les pouvoirs de Louis Dreyfus, ses relais à lui dans les rédactions, des liens directs que Niel entretient avec certains journalistes, et, finalement, par l'autocensure de tous ceux qu'il a soigneusement, avec ses camarades oligarques, précarisés et pressurisés, promus et écartés ? Pourquoi prendre le risque d'apparaître alors qu'il suffit de donner instruction à tel ou tel de faire licencier ou recruter qui aurait l'heur ou le malheur de lui plaire ou de lui déplaire ; de demander à Madame Marchand et quelques autres d'occulter telle ou telle information, ou décrédibiliser tel ou tel opposant, sans que personne ne puisse deviner sur quelle instruction des gens agiront pour intimider, détruire ou galvauder ? « Vous ne trouverez jamais la preuve d'une intervention de ma part dans le contenu de mes canards ». Voilà qui est clarifié.

En jouant sur les réflexes de bonne gestion, en maintenant les journalistes sous pression et aux abois grâce à l'accumulation de concentrations capitalistiques, à des plans sociaux et à des interventions sur les salaires, l'oligarque a joué une stratégie différente de celle, plus paternaliste et ancien régime, de ses camarades Lagardère, Arnault et Bolloré. Il n'en est pas moins parvenu ainsi à s'assurer que personne ne prendrait le risque de trop s'opposer à lui ou à ses amis, en prenant une place forte, *Le Monde*, que l'on pensait à jamais protégée de tout cela. Il lui a suffi, après un lavage d'image conséquent, d'acheter les plus importants titres de la presse du pays pour se placer en haut de la chaîne alimentaire et s'assurer qu'aucun ambitieux ne s'attaquerait jamais *sérieusement* à lui. Certes, parfois, du fait de règlements de comptes, des affaires sortent, et lorsque le malheureux rédacteur n'a plus d'appuis dans le système, voilà que la liberté reprend ses droits. Pensons un instant à un certain Alexandre Benalla, dont on comprend maintenant pourquoi il a été exposé, sans qu'à aucun moment les véritables raisons de son exposition ne soient révélées. Et comparons l'effet que le feuilletonnage autour de ce personnage a provoqué, à celui qui serait provoqué si le même acharnement était mis à enquêter sur les acteurs que nous venons de nommer.

Et rendons-nous enfin à l'évidence. En toute société saine, M. Niel, comme tout autre oligarque dont la fortune dépasse de plusieurs dizaines de générations ce que toute personne saine pourrait un jour dépenser, qui se prévaut d'une intime proximité avec le président, qui fabrique au quotidien des millions, aurait été perçu comme un trophée de guerre pour tout journaliste cherchant à se faire un nom. Lui et non un garde du corps de vingt-sept ans, ses truanderies des bas-fonds et ses petitesses d'escroc.

Et pourtant.

Et pourtant Niel continue, de déjeuners en déjeuners, à influencer les hiérarques de notre régime. Il leur suggère l'intérêt qu'il y aurait à porter à tel homme politique ou dirigeant ascendant. Cette suggestion se verra colportée par l'homme de main auprès du directeur de la rédaction ou de tel journaliste rendu influent, qui à son tour, et ainsi de suite – l'air de rien, chacun ignorant volontairement à qui cet intérêt d'apparence innocent pourrait servir jusqu'à enfin arriver à celui qui aura à rédiger l'article. Ce dernier, maintenu ou non dans l'ignorance des mécanismes ayant fait naître cet intérêt, prêtant foi à celle de ses accolytes, rédigera l'article généralement élogieux. La personne ainsi recommandée, n'aura-t-elle pas pour charge ensuite de récompenser, comme il le faudra, son protecteur bien aimé?

33

Tout cela, on prétend le découvrir, mais c'est une façon de parler. Car la toute-puissance a ses défauts, et si Xavier Niel m'annonça en personne dès janvier 2014, alors qu'Emmanuel Macron n'était que secrétaire général adjoint de l'Élysée et inconnu du grand public, qu'il deviendrait président de la République, alors on peut imaginer que je ne fus pas le seul à être mis au courant. Et qu'il y ait eu tout intérêt, dès ce moment-là, à le faire savoir, pour prévenir tout conflit d'intérêts et comprendre d'où venaient toutes les marques d'estime qui recouvraient l'intrigant concerné.

Et c'est là où nous touchons à une autre limite du fonctionnement que nous exposons. Là où le fondement même de notre système démocratique a été atteint, la presse bourgeoise se contente de relever ce qui concerne seulement la plus explicite illégalité. Le mensonge, la manipulation, voire pire, la corruption légale, ne semblent intéresser que peu de journalistes, sans parler de la distorsion d'un espace démocratique toujours plus avarié. Personne ne semble se troubler que l'on continue à dire que M. Niel, la famille Arnault et les Macron se seraient rencontrés pour la première fois six mois après que M. Niel m'a indiqué que son ami Emmanuel Macron deviendrait président de la République, à l'été 2014, ni qu'ils l'auraient fait – comble de l'absurdité – selon les sources, lors d'une rencontre intervenue par hasard entre New York et Los Angeles. Cette information que tous ont reproduit, sans l'avoir jamais véritablement vérifiée, est fausse, M. Niel et M. Macron s'étant d'évidence rencontrés dès les négociations qui ont entouré le rachat du *Monde* et sa perte définitive d'indépendance, dans lesquelles Bernard Arnault a joué un rôle important. Macron trahissait alors les uns pour soutenir les autres, tandis que Niel portait l'offre concurrente à celle que Macron soutenait en sous-main aux côtés d'Alain Minc, son premier point d'entrée dans l'oligarchie. C'est d'ailleurs à cette période que M. Niel achevait son intronisation au sein du gotha parisien, passant pour la première fois son été non en sa villégiature habituelle, mais auprès de celle qui deviendrait sa compagne, Delphine Arnault.

Ainsi ne s'est-on pas contenté d'écrire peu sur ces rapports, mais l'a-t-on mal fait, servant consciemment ou inconsciemment les stratégies de relations publiques de ces gens. Ainsi relaye-t-on des informations que tous savent fausses, comme pour mieux tout étouffer.

Vous saturez? Pourtant, cela n'est pas tout! Et ce n'est même que le début.

Rappelez-vous, nous l'avons indiqué. Le beau-père putatif de Xavier Niel, Bernard Arnault, s'est permis le luxe de recruter le tout-puissant ancien directeur des services secrets du pays, Bernard Squarcini, chez LVMH pour en faire son « Monsieur Sécurité ». Ce même M. Squarcini qui continue d'appeler ses anciens subordonnés pour leur demander des informations sur telle ou telle personne. Les magistrats du siège étant cependant le dernier corps de fonctionnaires « d'élite », contrairement à ceux du parquet, à ne pas avoir été absorbés par l'oligarchie, Squarcini a été mis en examen pour cela.

Bernard Arnault, donc, a mis au service de Macron candidat son appareil de sécurité pour compléter la protection que lui offrait médiatiquement, *via* son gendre Xavier Niel, Michèle

Marchand, devenant le dépositaire de bien de ces informations qui entourent candidats et patrons et que l'on saura monnayer au besoin. Et nous découvrons que LVMH ne s'est pas contenté de transformer notre première dame en enseigne publicitaire mouvante.

Voilà un premier pas qui, s'il avait été énoncé, aurait permis de remonter aux basses œuvres de M. Squarcini, mais peut-être au-delà. Il aurait amené à s'interroger, et dès lors à faire savoir, que M. Arnault connaissait en fait Brigitte Macron bien avant Xavier Niel.

C'est *Capital*, seul magazine d'information économique n'appartenant pas directement à l'oligarchie parisienne, qui nous apprend que Madame Macron fut la professeure des enfants de la première fortune de France au très sélectif et fermé lycée privé Franklin, temple de l'oligarchie où se forment les héritiers de l'élite économique du pays[73]. L'insignifiant Pascal Houzelot, certes membre du conseil de surveillance du *Monde* et organisateur d'un repas entre Macron et les trois

---

73. « Entre les Arnault et les Macron, c'est peut-être une longue amitié qui commence. Elle a démarré au lycée privé Franklin, dans le XVIᵉ arrondissement de Paris, où Brigitte fut la prof de français de Frédéric et Jean. »
Sylvie Breton, « Brigitte Macron a été la prof de français des enfants de la fille de Bernard Arnault ! », *Télé-Loisirs*, 21 juin 2017 [En ligne].

futurs propriétaires du journal, n'aura eu point grand-chose à voir avec tout cela, contrairement à ce qui fut longtemps affirmé. Cette information que nous avons recoupée auprès d'un proche de la famille Arnault, nous permet de comprendre que, non contents de cacher des informations, nos joyeux impétrants du landerneau médiatique s'amusent à en relayer de fausses à plusieurs bandes pour dissimuler les réseaux, compromissions et conflits d'intérêts qu'ils exposent et contrôlent.

Et de se demander dans quel intérêt.

34

Le premier intérêt, d'évidence, est de masquer que la désintéressée et généreuse Brigitte Macron, admirée par tous les Français depuis que Mimi Marchand est devenue sa meilleure amie et a été chargée d'en faire une première dame idéale, Brigitte Macron donc, égérie du bien commun, enseignait non pas en un lycée public, non pas en un lycée difficile, mais dans un des lycées les plus cossus et ségrégants de Paris, partie prenante à la dévastation qui touche notre société. Cette affectation a été requise et choisie volontairement, et Franklin en a largement bénéficié, M. Macron intervenant sur demande de sa femme pour obtenir ici une visite de classe que le centre Pompidou réservait à un lycée en difficulté, là tel contact permettant d'organiser une conférence renforçant l'entre soi. Cela permet de découvrir que Brigitte Macron a profité de son poste pour lier son mari avec la principale fortune de France et la présenter à son ambitieux mari, qui se prétendrait, à son arrivée à Paris, désargenté et seul.

Là, on commence à avoir le tournis. Le jeune homme au regard tranchant, blanche colombe prête à se sacrifier pour la France, venu du rien, présenté au peuple qui l'aurait immédiatement adoubé avant même d'être ministre ou secrétaire général adjoint de l'Élysée, avait comme soutien et ami non seulement l'oligarque Xavier Niel, mais aussi la première puissance financière de France, qui s'était alliée au second.

En plus de la banque Rothschild et de ses réseaux, qu'il obtiendrait en utilisant ceux de l'Inspection générale des finances – devenue passoire en ressources d'État à force de trahisons d'un corps censé en contrôler les deniers –, en plus de la bourgeoisie amiénoise, en plus de l'appui de Jean-Pierre Jouyet dont nous parlerons, M. Macron avait commencé là, par sa femme, une opération de cumul de capital politique valant bien une contre-partie qu'il ne cesserait jamais d'alimenter.

Nous ne sommes pas encore en 2012. On se rappelle que la presse détenue par ces individus le présentera, *des années plus tard*, par hasard et en toute indépendance journalistique, comme venant du néant, un pur produit du génie et du mérite, ne connaissant ni n'étant appuyé par personne, un être surdoué doté de qualités et d'une aura mystique capable d'ensorceler la plèbe par sa seule intelligence et son talent. Et qu'en 2019, jouant sur cette apparence, M. Macron se permettra de le répéter pour convaincre ceux à qui il se trouve confronté.

Aucun organe de presse appartenant à ce système n'a, en ce même 2019, fait son *aggiornamento* et, à défaut de nous avoir trompés, n'a admis s'être trompé.

35

Cet homme, cet Emmanuel Macron, devenu millionnaire avant quarante ans grâce aux réseaux que lui a offert la République, présenté comme le parangon de la démocratie, et de son versant le plus libéral, le champion de France de la méritocratie républicaine, n'était-il guère qu'un parvenu corrompu? Voilà que nous commençons à le penser. Le jeune héros moderne d'un système nettoyé ne trouve en effet guère d'arguments dans le réel pour justifier tous les exercices de célébration dont il a fait l'objet. Voilà que nous reviennent à l'esprit les tentatives, lors de la campagne présidentielle, de le présenter comme philosophe[74], Mozart de la finance, et pianiste de renom, pour tenter de justifier une demande de fascination qu'en fait, rien ne provoquait.

Difficile de ne pas en tirer l'interrogation suivante, tant les faits deviennent accablants : cet homme dont tout le parcours exhale le service du soi n'était-il qu'un pantin aux ordres de ceux dont il a appliqué, à la lettre, un programme les servant ? Est-ce pour cela que, sur tous les enjeux de société, M. Macron s'est montré particulièrement délavé, incapable de porter une idée ? Et son incapacité à admettre aujourd'hui son impuissance n'est-elle pas, *in fine*, l'aveu d'une forme de naïve et confondante, aberrante sincérité de l'être, qui, trompé par le reflet du miroir que l'on avait bien voulu lui tendre, finirait par croire en les éloges que, comme à sa femme, on ne cessa de déverser sur lui pour mieux le happer ?

---

74. Philosophe « parfait », puisque n'ayant jamais rien publié, et ne pouvant dès lors, à ce titre, être jugé.

36

Je veux insister sur une chose. Sur le scandale qui consiste à ce que l'on découvre tous ces faits plus d'un an après l'élection présidentielle, et encore, ne l'apprend-on que partiellement, nous nous trouvons à devoir remettre par nous-mêmes tout cela en récit, à débusquer les mensonges et les fallaces, à enquêter auprès de mondes et de journalistes qui n'ont cessé de mentir, contraster tout cela grâce à notre expérience personnelle. Et pourquoi se retrouve-t-on à le devoir faire? Nous ne serions pas étonnés que le fait qu'un des journalistes ayant commis l'enquête la plus explosive sur la Macronie, *Mimi*, ne contenant, rappelons-le, que quelques pages sur ce dernier, soit publié par une entreprise de Lagardère et par ailleurs employé de Bernard Arnault, ait pu l'empêcher de révéler un élément par ailleurs connu.

Nous le savons. En de tels systèmes, mettre son indépendance au-dessus de tout enjeu de carrière est impossible : l'édition comme la presse sont des aventures collectives où l'on ne peut que se trouver immédiatement écrasé, c'est d'ailleurs ce que l'on nous opposerait au *Monde* lorsqu'on s'indignerait de l'acceptation d'une censure venue de la direction. Les quelques rares structures indépendantes qui survivent doivent vivre dans une intense précarité, et le font avec un courage délirant, qui ne suffit pas à combler les tares que le système dans son ensemble ne cesse de produire. L'on sait les coûts, en matière de délégitimation, de mise au pilori, de soupçons de mythomanie et autres tentatives de décrédibilisation que provoque le fait de se désolidariser d'un système institué. L'ordre cherchant par tous les moyens à se reproduire et s'imposer, tous les moyens sont bons pour disqualifier avant de se trouver soi-même exposé. Les plus dangereux ne sont pas en haut : ils se trouvent à l'horizontale, auprès de ceux qui, se désolidarisant pour dire la vérité, menacent de les désigner.

Là, il est peut-être temps d'inciter tout le monde à trembler. Ce qui vient va nous achever.

37

Car vient maintenant le comment. Comment faire savoir aux Français que ces compromissions qui leur coûtent des milliards chaque année leur sont tues pour des raisons inavouées ?

Comment mettre en discours cette accumulation de faits et d'événements pour beaucoup publics, mais saucissonnés, décontextualisés, rendus politiquement inertes ? Comment raconter, sans apparaître partisan ou complotiste, par la simple accumulation de faits, qu'un président de la République a permis à ses « amis » de se servir de et dans la République, et ne l'a fait que pour se propulser ? Comment mettre en perspective ce chapelet d'informations qui, si elles ne sont pas complétées et exposées dans leur entièreté, se trouvent politiquement désactivées ?

Comment le faire savoir ?

Quel organe de presse pourrait accueillir notre propos ? Y compris pour le contredire ? *Libération, L'Express* ou BFM TV ? C'est-à-dire les médias détenus par Patrick Drahi, dont l'empire a été consolidé avec l'aide d'Emmanuel Macron, Drahi qui l'a remercié en mettant à sa disposition sa main droite et son directeur *de facto* de ses médias, Bernard Mourad[75], pendant la campagne présidentielle, après que ce Bernard Mourad a, sur ordre de M. Drahi, « suggéré » des unes au sujet de M. Macron, lors des comités de rédaction de ces médias auxquels, contre toute déontologie, il participait ?

À *L'Obs,* au *Monde,* à *Télérama,* à *Mediapart,* dans la dizaine d'autres médias où Xavier Niel a investi,

75. Comme nous l'avons rappelé, il serait nommé par la suite et de ce fait patron de *Bank of America* France, qui se verrait miraculeusement attribuer par le pouvoir la gestion de la privatisation des Aéroports de Paris. Il avait été nommé, avant sa mise à disposition auprès d'Emmanuel Macron, directeur du pôle presse du groupe de Patrick Drahi, et donc *de facto* dirigeant de *L'Express* et de *Libération*, racheté par Patrick Drahi sur suggestion de François Hollande, présenté à ce dernier par Emmanuel Macron *via* Bernard Mourad, afin d'obtenir la « neutralité bienveillante » de l'État dans son rachat de SFR.

qui parfois courageux tentent un pas de côté, mais veillent jalousement à ne pas être questionnés ?

Au *Figaro*, chez Olivier Dassault, où il faudrait espérer qu'un journaliste trouve le courage d'attaquer les collusions entre médias et milliardaires, après que l'empire de son père, dont il a hérité, s'est construit grâce à cela ?

Ayons une pensée pour *L'Humanité*, qui vient d'entrer en cessation de paiement et s'interroge rhétoriquement sur « la possibilité aujourd'hui d'avoir une presse indépendante des grands groupes financiers ou de leur filiale[76] » et rapatrions-nous plutôt sur les télés ou radios publiques, avant de nous souvenir que les directeurs sont nommés par le pouvoir politique – indirectement certes, en ces affaires, on aime rester pudique – ce qui a permis à M. Macron de propulser à Radio France une camarade de promotion, Sibyle Veil, sans d'une quelconque façon s'embarrasser. Certes, en ces lieux, les effets de dominations sont longs, les espaces occupés si grands que l'on peut encore s'y glisser, mais encore faut-il s'y faire accepter, alors que nous venons de montrer comment un des piliers de la direction de l'information de la télévision publique compromettait l'intégrité du groupe pour servir son

249

---

76. « *L'Humanité* en cessation de paiement et "sous la protection du tribunal de commerce" », *Le Monde*, 26 janvier 2019 [En ligne].

ami président – un espace informationnel où jamais la plus brillante de ses journalistes, Élise Lucet, ne s'est jamais attaquée à ces sujets.

Où ?

Au *Parisien*, à *Atlantico*, aux *Échos*, chez Bernard Arnault, à *Vanity Fair*, qui publie des articles de commande et qui coulerait immédiatement si ce dernier cessait de le financer en publicité ?

À Canal+ ou chez C8, chez Vincent Bolloré à qui Macron confia une part importante de sa communication alors qu'il était ministre de l'Économie *via* Havas – avant qu'Hanouna, pilier capitalistique du groupe, n'en devînt le meilleur relais, l'invitant régulièrement à communiquer par téléphone lors de ses émissions ? Le même Vincent Bolloré, connu pour ses procédures abusives contre les journalistes, la suppression de l'émission-phare de sa chaîne, les *Guignols de l'Info*, et la censure régulière de documentaires ? Celui dont le fils Yannick, poids lourd du groupe familial, assistait aux meetings d'Emmanuel Macron ?

Où ?

À TF1 ou TMC, chez Martin Bouygues, là encore compromis jusqu'aux ongles et dépendant de la commande d'État ; dont l'un des principaux collaborateurs, Didier Casas, fut envoyé faire la campagne de Macron pour s'assurer que des relais s'y maintiendraient ?

Au *JDD*? Où Hervé Gattegno, petit caporal de tous les pouvoirs, passé de *L'Obs* au *Point*, du *Monde* à *Vanity Fair*, de RMC à BFM TV, a largement fait ses preuves de serviteur zélé aimant plaire à son propriétaire. Ici… Arnaud Lagardère!

Où?

On tremble parce que soudain, on commence à se sentir bizarrement encerclé, pour peu qu'on ne serve nul intérêt, ou nul relais qui pourrait un jour être, par l'un de ceux-là, mobilisé. On tremble car l'on sait qu'à tout cela s'ajoutent les intérêts corporatistes, la crainte pour les journalistes de paraître complotistes, les difficultés à se désolidariser, la peur d'être un jour excommuniés.

Ce qui apparaissait comme un paysage pluraliste, empli de journalistes courageux et indépendants, qui par leurs concurrences respectives remplissaient leurs béances, n'apparaît plus, lorsqu'on tente d'y avancer *à sec*, pour une critique systémique et étayée, touchant au système dont ils sont dépendants, que comme un putride espace où la peur et l'incertitude règnent.

38

Cela inquiète d'autant plus qu'il faut l'admettre : partout ici on peut faire fuiter une part de vérité. C'est même là la condition de survie du système. Comme en les meilleurs pays autoritaires, les luttes d'influence doivent pouvoir se mener.

Ainsi le rival de M. Arnault, M. Pinault, a-t-il laissé paraître au *Point* les bonnes feuilles de *Mimi*. Quelque temps auparavant, Raphaëlle Bacqué publiait un portrait élogieux – pour ne pas dire transi – de ce dernier, et M. Pinault se détachait très légèrement de M. Macron. Que l'on soit obligé de lire cette actualité au regard de l'immense redressement fiscal qui venait de s'abattre sur son groupe Kering, mettant à jour un système de fraude qui selon *La Tribune* aurait porté sur cinquante cinq milliards d'euros en quinze ans[77], et exigeait du milliardaire de laver son image et de montrer ses dents – opération à laquelle *Le Monde Magazine* se prêta agréablement – est certes quelque peu décevant.

Car en aucun de ces lieux on ne peut, sans se prêter à instrumentalisation, exposer les compromissions auxquels tous, d'une façon ou d'une autre, ne cessent de se livrer.

Même au *Monde*, où Ariane Chemin a pu se permettre le luxe de révéler l'affaire Benalla, on a fini par nommer une journaliste sans aucune expérience pour couvrir ces sujets, Virginie Malingre envoyée à l'Élysée, après avoir été nommée sur suggestion de Dreyfus à la direction du service économie pour le neutraliser.

Puisque de quotidiens, à part l'excellent et peu farouche *La Croix*, il ne reste guère, tournons-nous alors vers la presse magazine. L'hebdomadaire qui perd le moins de lecteurs : *Le Point*. Mais *Le Point* est propriété d'Artemis, la holding de François-Henri Pinault, et, dans le plus strict héritage de Franz-Olivier Giesbert, n'existe que par sa capacité à se compromettre et se vendre au plus offrant

---

77. Daniel Vigneron, « Évasion fiscale : le groupe Kering et l'évolution de la législation », *La Tribune*, 13 décembre 2018 [En ligne].

défenseur de l'ordre établi, se contentant parfois, comme dans l'affaire Clearstream, de se prêter à de menues luttes d'appareil entre impétrants d'un même système. Et alors, nous répondrait-on ? Ne sont-ils pas les ennemis de Bernard Arnault ? N'aurait-on à gagner en participant à ces jeux de… ?

Solitude s'accroissant.

Hormis un France Inter ayant perdu tout mordant à force de participer aux jeux de l'entre-soi parisien, censurant François Ruffin pendant le soulèvement des gilets jaunes[78], un France Culture devenu conservateur, parfois même fascisant, et le service enquête atrophié d'une Radio France sous contrainte budgétaire permanente, il y a bien d'autres des radios, qui donneront à ces éléments l'espace requis, et l'ampleur permettant non pas de faire un scoop mais, par un long travail de sensibilisation, de réduire puis de neutraliser l'influence de ces corruptions. Puisque le service public a les problèmes que l'on sait, qu'il y est mal vu de critiquer de façon trop systématique la tutelle, que la seule émission de décryptage des médias l'*Instant M*, se refuse à toute remise en question systémique

78. François Ruffin, « #BDR44 : une bombe de colère et d'espoir, "je ne suis pas un héros" & mon grand débat », *Canal Fi*, 13 février 2019 [En ligne].

d'un milieu auquel elle appartient, peut-être *Europe 1*?

Lagardère, encore!

RMC? Alain Weill, c'est-à-dire depuis quelques années Patrick Drahi. Alain Weill est par ailleurs, comme on le montrera, *via* sa sœur, Catherine Grenier-Weil, entré dans l'intimité de la Macronie, lui que Xavier Niel nomma membre du conseil d'administration de son entreprise et dont l'association RMC-BFM est généreusement nourrie par ce dernier, qui le considère comme l'un de ces « amis » aimant à être instrumentalisés.

A-t-on jamais entendu sur ces chaînes, radios, magazines, journaux, une critique systémique des individus que l'on vient de présenter?

RTL, qui certes appartient au même groupe que *Capital*, détenteur de M6, dont le directeur Nicolas de Tavernost aurait dit explicitement avoir censuré une enquête sur Free alors que Delphine Arnault siégeait à son conseil de surveillance[79]?

Les nouveaux médias? Ces incarnations de l'indépendance et de la modernité, comme *Brut* ou le *Huffington Post*, qui savent parler à la jeunesse et auraient tout intérêt à leur expliquer quels jeux de pouvoir ont mis en place leurs aînés? Devinez qui

---

79. Pauline Moullot, « Un reportage de *Capital* sur Free aurait été censuré par M6 », *Slate*, 24 septembre 2012 [En ligne].

en est le principal financier. Bien vu. Xavier Niel, qui n'a pas encore trouvé de raison de trop s'en mêler, mais a placé dans le second son homme-lige pour le contrôler.

Bon.

Il faudrait tout de même essayer, car comme nous l'avons expliqué, ces choses-là ne fonctionnent pas de façon systématique, des failles et des entailles se créent toujours, des valeureux et courageux émergent avant d'être dévastés, des manœuvres peuvent être tentées. Mais à quel prix? Pour combien d'ennemis?

Et pour quel effet, alors qu'une chronique courageuse disparaît immédiatement, engloutie dans le fatras de l'information produite au quotidien, tandis que tous restent aveugles à leur propre destin?

Oui, tentons, comme nous l'avons fait, et admettons que cela ne pourra être fait. Même *Marianne*, à l'instant absorbée, revenait sur une promesse de publication avortée.

Un livre alors! Nous qui sommes si bien introduits, lançons-nous.

Fayard, le brillant éditeur d'un de mes livres? Mais Fayard a été racheté par Hachette, c'est-à-dire par Arnaud Lagardère, dirigé *effectivement* par ce même Ramzy Khiroun qui est intervenu pour protéger Mimi Marchand à *Paris Match*, et dont la numéro 2 est la femme du « grand ami » du président, le fameux Bernard Mourad !

Grasset ? Sous les apparences de différence, le même propriétaire, la même hiérarchie, et on comprend maintenant pourquoi l'ouvrage attribuait à Mimi Marchand ce que M. Khiroun faisait…

On le dit en passant, mais il faut mesurer ce que ce manque d'intégrité signifie.

Stock, et bien d'autres, même propriétaire ; et l'on devine les immenses basculements qu'il faudrait susciter pour qu'ils osent, de front, s'en prendre à la Macronie et à ce qui a pu la nourrir.

Gallimard ? Ils viennent de censurer Annie Le Brun, auteur historique de la maison, parce qu'elle critiquait LVMH dans son dernier ouvrage sur la mode.

La prise de participation récente de la société de Bernard Arnault au capital de la maison, et l'utilisation de leur fameuse « collection Blanche » pour faire la promotion de sacs Vuitton n'y seraient pour rien.

Certes, Annie Lebrun a pu partir chez Stock, laissant trente ans derrière elle. Mais Lagardère, cette fois, n'était pas son sujet.

Un instant, pour éviter le rire cathartique ou l'atonie, on tente de se dire que de tout temps… mais non. Pas autant. Pas à ce point !

Comme la plupart de nos médias, longtemps, la maison Gallimard a été indépendante et jamais pareille concentration ne s'était vue!

Car continuons! Flammarion? Racheté par Gallimard!

Actes Sud, chez Françoise Nyssen?

Rions, jaune toujours, d'un rire toujours moins riant. Il y en a tant d'autres, attendez, vous exagérez!

Vous avez raison. Robert Laffont? La Découverte? Avec près de cinquante autres éditeurs, propriété du groupe de presse Editis? Vous voulez dire, celui qui vient d'être racheté par... Vincent Bolloré?

Mais il y a bien encore moult éditeurs indépendants. Attendez, attendez, Le Seuil, dont le nouveau P.-D.G. vient de La Découverte? Mais Le Seuil appartient désormais au groupe du président du Syndicat national de l'édition – où pèsent lourd les groupes –, Media Participations, qui vient de lui imposer un plan social, et l'on rirait si l'on découvrait la réaction d'Hugues Jallon à l'enthousiasme que lui montrèrent ses éditeurs à propos de notre projet. Alors oui, d'autres encore, mais déjà, quel étouffoir. Car aux quelques indépendants qui se proposeront d'intervenir, et qui devront résister aux pressions, judiciaires, économiques, médiatiques, il faudra encore diffuser, distribuer, chroniquer! Et qui détient les diffuseurs? Qui détient les médias chargés de relayer?

39

Cessons de penser à tout cela pour l'instant, et continuons.

On a découvert entre-temps que nos affaires ne s'en tenaient pas là. Raphaëlle Bacqué a révélé qu'Alexandre Benalla est le point d'entrée officieux de Michèle Marchand à l'Élysée. Cette dernière a d'ailleurs assuré sa communication après qu'il a été découvert frappant et arrêtant des citoyens dans la rue en se faisant passer pour un policier. Mais la façon dont cette information a été révélée permettait mal de comprendre de quoi il s'agit.

Pour qui a compris cependant, le souffle se retient. Benalla, ce même Alexandre Benalla qui, en sus de frapper des citoyens pendant son temps libre, avait tenté de monter une garde prétorienne à l'Élysée, c'est-à-dire de recruter des personnes, déliées de toute hiérarchie policière et militaire, pour commettre des basses œuvres en toute impunité[80] ? Oui, celui-là.

On nous dira : halte-là ! Vous passez du coq à l'âne. Attendez et vous verrez.

Laissez-moi vous expliquer. S'appuyant sur la réserve de la gendarmerie, Alexandre Benalla avait ordre de faire rentrer des civils au service de sécurité de l'Élysée. Il a eu la tutelle de gendarmes et de policiers mobilisés en cette maison d'où émanent les ordres qui font et défont les carrières de tous les fonctionnaires du pays. La chose est effarante : par un stage de quelques semaines, si le système avait perduré, il aurait été possible d'intégrer au cœur de l'État un vigile sans qualification particulière, sans contrôle hiérarchique autre que celui décidé par le politique, pour le mettre au service d'un seul homme, et lui donner une autorité *de facto* sur l'ensemble des forces de l'ordre républicaines de ce pays.

---

80. Ce tour de passe-passe est autorisé par l'existence d'une réserve opérationnelle dont on aurait détourné les effectifs pour les attribuer à l'Élysée. Tout cela s'opérant en coulisse pour « défendre » Emmanuel Macron et s'émanciper des rares contre-pouvoirs encore existants.

Or, répétons-le : M. Benalla était, avec un certain Ludovic Chaker, la courroie de transmission de Madame Marchand à l'Élysée. Et nous comprenons pourquoi il aurait été chargé de passer à M. Emelien, conseiller spécial et tout-puissant proche d'Emmanuel Macron, les vidéos du 1er mai volées à la préfecture de Paris pour qu'elles soient diffusées sur les réseaux sociaux. M. Benalla avait frappé et arrêté des citoyens, alimentant sciemment un climat de peur et de violence dans le pays. Cela n'a pas été dit en ces termes, tant cela aurait pu inquiéter. Voilà le scandale Benalla. Pas ce qui en a été dit, les menues escroqueries et affaires de passeports dont l'insignifiance nous accable.

Et si cela nous intéresse, c'est bien que cela a un lien avec notre propos. Si M. Macron cherchait à se donner la possibilité de faire entrer des individus personnellement choisis dans sa propre police afin de les mettre en position de subordonner l'ensemble des services de sécurité du pays, comment aurait-il fait ? Ainsi.

Et pourquoi l'aurait-il fait ?

Seuls ceux qui ont ri aux étranges parallèles énoncés en d'autres textes sur des régimentalités particulières du politique et les dérives néofascisantes du pouvoir macronien manqueront de comprendre pourquoi l'un amène à l'autre, en dehors de toute proportion.

Car là, nous touchons à l'autre vecteur de la présidence d'Emmanuel Macron. Et nous relions enfin tout.

M. Macron a en effet eu beau jeu de construire une notoriété. Il lui fallait encore construire sa légitimité. S'imposer à cet État qu'on l'a laissé piller sans servir.

Il lui fallait trouver les ressorts et relais qui lui permettraient d'agir avec autorité. La bête ne se laisse pas aisément dompter, et si Macron a été choisi, c'était bel et bien parce qu'on voyait en lui un profil qui pourrait s'y imposer.

Mais cela ne suffisait pas. Il fallait, dans le même temps qu'il se voyait introduit auprès du peuple, en polir la figure, l'entourer, s'assurer qu'elle se trouverait une fois au pouvoir suffisamment armée.

Celui qui lui a permis non seulement de prendre le pouvoir, mais de le consolider, non seulement de ravir la nation, mais d'en maîtriser l'État, ce ravi de la crèche, probablement inconscient de qui il servait à cet instant, fut Jean-Pierre Jouyet.

Et qui nous y mène ? Un certain Ludovic Chaker, acolyte resté longtemps invisible d'Alexandre Benalla, et chargé comme lui de faire circuler les informations entre l'Élysée et les rédactions que le Palais nourrissait.

Ludovic Chaker n'est pas n'importe qui. Il a organisé le recrutement de Benalla à En Marche, dont il a été le premier secrétaire général, avant d'être placé au cœur du dispositif antiterroriste de l'Élysée. Il avait pour mission de mener le même projet que son collègue auprès des forces armées.

Ludovic Chaker a été ainsi introduit au cœur du secret d'État, habilité pour cela, sans répondre à une quelconque hiérarchie militaire qui s'imposait à tous ses acolytes. Le seul, au bureau du chef d'état-major particulier, à se trouver en cette situation. Pourquoi ? Vous le devinez bien.

Placé là et s'appuyant lorsqu'il le fallait sur Alexandre Benalla pour communiquer avec Mimi Marchand, voilà qu'il devenait le point d'entrée dans l'appareil militaire[81] d'Ismaël Emelien, le plus proche conseiller d'Emmanuel Macron, chargé de sa communication et de ses affaires réservées, et se trouvait en mesure, par lui-même, de tout organiser.

Ainsi Chaker, ayant accès aux secrets de l'État et la confiance de celui qu'il avait rencontré à Sciences Po, pouvait-il transmettre les informations susceptibles d'intéresser M. Emelien pour que ce dernier commandât, sans ne jamais être impliqué, les basses œuvres nécessaires à M. Macron.

---

81. Fait unique dans la Vᵉ République : jamais un civil n'avait été intégré au bureau du chef d'état-major particulier de la présidence de la République.

À quelle sorte de manœuvre pourrait-on penser ? Imaginons, par exemple, faire transmettre à la presse de façon suffisamment discrète, à partir d'un compte anonyme sur internet, des informations provenant du cœur de l'État, et les signaler à un journaliste ami *via* un intermédiaire qui relayerait tout cela. Voilà suffisamment d'intermédiaires pour qu'un conseiller spécial ne se trouve jamais impliqué, par son accès aux appareils policiers et militaires *via* des personnes ne répondant à aucune autorité hiérarchique, permettant au commanditaire d'ainsi se protéger.

Et c'est donc sans hasard que l'on retrouve M. Benalla, là où il est, le 1er mai. Voilà donc que par le truchement d'un militant insoumis, filmant la scène où un haut fonctionnaire reconnaîtrait un certain Benalla, une affaire sortirait. Une affaire révélant que M. Macron dessinait à l'Élysée, *via* son conseiller spécial, une structure chargée d'alimenter les différents réseaux qui l'ont nourri en informations permettant de discréditer ses adversaires ou de se protéger.

C'est quelque part par hasard que *Le Monde* a révélé ce dispositif. En racontant que M. Benalla avait transmis à M. Emelien les images de vidéo-surveillance de la manifestation du 1er mai 2018, et que M. Emelien les avait probablement par la suite fait diffuser sur des réseaux sociaux à travers des comptes anonymes, tout cela rapporté sans être expliqué, car l'on craignait que les dénégations des acteurs ne suffisent, pour des questions d'ordre légal, à faire taire ce que l'évidence imposait. Cette fois, l'information provenant de la hiérarchie policière et non militaire, M. Benalla et non M. Chaker en avait été chargé. Cela n'a pas toujours été le cas.

M. Chaker n'est pas un homme d'État, pas même un fonctionnaire. Il n'apparaissait sur aucun organigramme jusqu'à ce que l'affaire Benalla l'expose aux yeux de tous. Cela, pour une seule et unique raison : protéger M. Emelien d'une quelconque répercussion, créer une interface supplémentaire qui permettrait de le dédouaner, et protéger sa hiérarchie. Dès que l'affaire sort, les rumeurs concernant les envies de départ de M. Emelien se multiplient, afin d'éviter qu'une désolidarisation trop brutale imposée par de nouvelles révélations ne provoque une crise plus menaçante encore pour son maître.

Pourquoi s'être appuyé sur ces individus ? Comme beaucoup d'autres, projetés loin de leur milieu sans compétences particulières, M. Chaker, dont nous avons interrogé certains proches, a la particularité d'être d'une grande fidélité qu'il double d'une incessante célérité.

Ces hommes sont toujours utiles pour le pouvoir. Ayant seulement servi la DGSE quelques années avant d'en être évincé, il ne s'est retrouvé là que par la grâce et pour le service de son maître.

La façon par laquelle il est arrivé à son poste en dit plus encore que les cartes qu'il a tenté d'y jouer. Sa promotion auprès d'Emmanuel Macron, peu avant la campagne présidentielle puis à l'Élysée, révèle l'intrication profonde du candidat avec un autre pan de l'oligarchie du pays, qui achèvera notre enquête : celle qui s'assure que les intérêts des puissants se trouveront, quel que soit le choix de la majorité, relayés au sein de la machine d'État. Elle montre l'étendue des influences qui s'appliquent à la présidence de M. Macron, l'endogamie de notre élite, mais aussi la pauvreté du système de cooptation qui enclencha la première phase de son ascension, avant sa propulsion médiatique et son élection.

Car si nous avons montré comment M. Macron a été projeté dans l'espace public par quelques hommes puissants, créant un déséquilibre immense entre sa notoriété et le désir qu'il suscitait, il nous reste à conter comment il fut en un premier temps coopté pour être ensuite consacré.

40

Il ne suffit pas de s'entourer de grandes fortunes cherchant un fondé de pouvoir – ce qui requiert déjà quelques qualités dont un profil suffisamment immaculé auprès du grand public et quelques capacités à apparaître séduisant et structuré, naïf et engagé – pour devenir président de la République : il faut aussi, après avoir été coopté, savoir s'entourer d'une armée de fidèles.

Capables de mettre en branle les projets de ces puissants ; chargés en somme d'une légitimité d'apparence suffisante pour garantir la fidélité de l'appareil étatique et ainsi, dans un aveuglement général, le mettre au service des intérêts de ceux qui vous ont choisis, ils doivent être suffisamment cyniques et intéressés pour nourrir la machine de pouvoir sans jamais trahir ni dénoncer. C'est ce qui explique la multiplication des marques d'affection que M. Macron a données à M. Benalla après son départ.

Ces agents privés au service du président doivent être assez rémunérés et protégés pour qu'à aucun moment, ils n'aient à s'interroger sur les fondements de la politique appliquée ou les spoliations à mener, leur intérêt primant. Ils complètent le dispositif décrit autour de Séjourné et Gabriel Attal, ces hussards du politique qui, théoriquement, intermédient avec la société.

M. Macron, lorsqu'il s'est lancé dans sa campagne présidentielle, était singulièrement jeune et n'était pas doté d'un parcours lui permettant d'avoir construit et de pouvoir revendiquer de telles fidélités; c'est ce qui explique son appel à des baronnies empruntées, dont celle de M. Collomb fut la plus importante, et la précarité d'un dispositif qui ne pouvait que s'effondrer dès lors qu'elles auraient tiré de Paris ce qu'elles cherchaient à prendre. Il a dû constituer artificiellement ce vivier, ce qui l'a amené à quelques erreurs, comme le recrutement de M. Benalla par M. Chaker, lui-même recruté par M. Emelien.

Propulsé par des intérêts tiers, il a dû puiser en cet autre pan de l'oligarchie qui l'avait initialement coopté pour défendre ses intérêts.

L'affaire fonctionne en amont et en aval de M. Macron. Ludovic Chaker a été le point de contact invisible d'un dispositif couronné par Jean-Pierre Jouyet, dont la mainmise sur la technostructure a été la seconde mamelle du macronisme, et dont la fragilité montre à quel point le pouvoir de Macron est friable.

Cet homme n'était pas prêt.

Repéré et recruté par Richard Descoings à Sciences Po, institution publique inscrite dans un dispositif de pouvoir partiellement décrit dans un ouvrage de Raphaëlle Bacqué[82], Chaker y fut propulsé responsable du centre pour l'Asie. Il y croisa une certaine Édith Chabre, alors directrice exécutive de l'école de droit qui se montrait proche d'une Brigitte Taittinger-Jouyet, héritière de l'une des plus importantes familles industrielles de France, recrutée à Sciences Po pour, de dîner mondain en événement hippique dans le Petit-Paris, alimenter en levées de fonds les caisses de l'école, tandis que son mari, Jean-Pierre Jouyet, puissant directeur du Trésor devenu le très puissant directeur de l'Inspection des Finances, puis le tout-puissant secrétaire général de l'Élysée, membre du conseil d'administration de SciencesPo et s'étant montré très insistant pour y faire recruter

---

82. Raphaëlle Bacqué, *Richie*, Grasset, 2015.

sa femme, mobilisait ses réseaux pour soutenir un certain Emmanuel Macron, qu'il voyait alors en pilier du régime de son meilleur ami, François Hollande.

41

M. Jouyet avait rencontré M. Macron à sa sortie de l'ENA. Ce dernier avait été affecté au même « corps » d'origine que M. Jouyet, corps que ce dernier se trouverait par ailleurs diriger l'année suivante. Intrigué par un jeune homme montrant une ambition sans fard, M. Jouyet le prit sous son aile et lui offrit le poste de chargé de mission auprès du directeur de la toute-puissante Inspection des finances.

M. Jouyet, qui se disait jusqu'alors socialiste et le meilleur ami de François Hollande[83], accepterait

---

83. Qui lui avait lui-même cédé sa place à l'Inspection des finances, pour qu'il pût par la suite lui faire la courte échelle, et qu'il retrouverait peu après.

peu après d'être nommé secrétaire d'État aux Affaires européennes auprès de Nicolas Sarkozy, avant de devenir secrétaire général de l'Élysée sous François Hollande.

Cela a peut-être été dit, mais si Emmanuel Macron s'est vu proposer à cette période d'entrer au cabinet du Premier ministre d'alors, François Fillon, c'est par le truchement de la même personne – Jean-Pierre Jouyet – qui le fera ensuite entrer à l'Élysée sous François Hollande, après l'avoir présenté à Jacques Attali[84].

Là où le peuple de France se voit nourri de chroniques racontant les irréconciliables différences entre hommes et partis, voyons avec quel égard ces individus traitent les distinctions politiques que, par son vote, le peuple tente de mettre en œuvre.

84. L'affaire est encore plus signifiante si l'on y ajoute le nom d'Antoine Gosset-Grainville, pantouflard devenu avocat ayant accueilli M. Macron lorsque ce dernier quitta le ministère de l'économie. Loin de vouloir créer une « start-up dans l'éducation », celui-ci au contraire se trouvait prêt à se lancer en tant que conseil auprès de grandes multinationales, afin de les aider à remporter leurs contentieux contre l'État, obtenir des mandats de privatisation, etc. C'est cet homme qui proposera formellement la nomination de M. Macron à Matignon, ce que M. Macron lui revaudra en lui proposant la direction de la Caisse des dépôts. M. Gosset Grainville refusera pour conserver ses émoluments, inversement proportionnels à son respect du bien public.

À Paris, le principe démocratique devient peu de chose lorsqu'il s'agit de s'entraider et d'avancer entre amis.

Et l'on commence à comprendre d'où est né l'« en même temps » de Macron.

Car ce fut bien M. Jouyet qui, après avoir « trahi » son ami de trente ans, François Hollande, qui lui avait laissé son poste à l'Inspection des finances, mit en place sous Nicolas Sarkozy un « mini-traité » européen adopté par le Parlement, alors que le référendum de 2005 venait, deux ans plus tôt, d'en rejeter le fondement, avant de revenir au service de M. Hollande lorsque celui-ci serait élu, et d'y promouvoir M. Macron à Bercy.

Oui, voilà donc où naît l'« en même temps » proposé comme une innovation politique, là où il n'était que prétexte à une fusion d'élites jusque-là éclatées. Cette condensation d'intérêts au service d'une endogamie galopante, fut présentée comme un signe de progressisme et de modernité.

Les journalistes les plus naïfs – ou les plus compromis et confortablement installés dans ce système – n'y virent nulle aporie, et se contentèrent de transcrire ce que le pouvoir leur en disait.

Il faut mesurer pourtant l'ampleur de la révolution que proposait M. Macron, à l'heure où le système s'effondrait, s'inspirant de celle que son mentor, Jean-Pierre Jouyet, avait initiée: garantir, contre l'inféodation à son pouvoir, une permanence des privilèges et des positions, là où les élites se menaient jusqu'alors des guerres régulières, devant s'asservir à l'un ou à l'autre tous les cinq à sept ans.

Cela permettait d'éviter le coût d'opportunité des allégeances qui étaient jusqu'alors requises. Pourquoi en parlons-nous ? Parce que ces alternances avaient un effet : offrir une respiration démocratique en nourrissant la presse des informations que les uns sur les autres collectaient. Et l'on comprend soudain l'étouffoir qui prit notre démocratie lors des longs mois qui suivirent l'élection de M. Macron, et l'impossibilité d'en dire quoi que ce soit. Absorbées par la stratégie d'opposition que M. Macron mettait en scène avec l'extrême droite, l'ensemble des élites traditionnelles s'étaient intégrées à un pouvoir qui, dès lors, ne laissait rien fuiter.

Comprenons maintenant la densité des éloges que reçut Emmanuel Macron de la part de cette classe émerveillée, en un processus inauguré par M. Sarkozy, qui savait ce qu'il avait à compenser pour se faire accepter par des élites qui le méprisaient.

Mais nous nous précipitons, et à l'heure dont nous parlons, M. Jouyet se contente de présenter M. Macron à sa famille et sa femme, et par là

même à l'une des plus grandes dynasties financia-
ro-républicaines du siècle.

Il le présente aussi à l'*intelligentsia* de Sciences Po,
dont M. Descoings est le directeur, Sciences Po où
M. Macron se voit proposer, comme tout énarque
sorti des grands corps, d'enseigner un vague cours,
qu'il choisira de culture générale, pour y mettre
pied, avant que Laurent Bigorgne lui offre la direction du module, pour compléter ses salaires et
commencer à y placer ses pions.

M. Jouyet donc, tenant structurel d'une pensée
de système – le terme d'idéologie lui ferait trop de
gloire – maintenant la France dans ses déséquilibres
économiques mais faisant les affaires de sa famille
d'adoption, fut le premier initiateur de la stratégie
d'écrasement des processus démocratiques qui
prit, sous Sarkozy, le slogan « d'ouverture », et sous
Macron, « d'en même temps ».

Plus tard, avant de le faire nommer à Bercy, Jean-
Pierre Jouyet introduit M. Macron auprès d'un certain
Jacques Attali, qui à son tour le présente à François
Hollande. M. Attali, accompagné de M. Minc, se sert
de M. Macron pour imposer ses idées sous François
Hollande, *via* les luttes homériques que M. Macron
y mène, notamment avec le conseiller Europe, pour
pousser M. Hollande à céder.

Emmanuel Macron est ainsi nommé rapporteur
de la commission Attali en tant que représentant

de l'Inspection des finances par la grâce de ce même M. Jouyet, afin d'être introduit auprès du gotha économique et financier du pays secondaire – c'est-à-dire celui qui se trouve en second rideau, et dépend ou se soumet avec grande régularité aux fortunes que nous avons évoquées – et, marri de ce carnet d'adresses, se fait recruter chez Rothschild pour y opérer, avec les appuis suffisants, récoltés lors de sa mission auprès de M. Attali, une opération de fusion-acquisition s'élevant à neuf milliards d'euros.

M. Jouyet donc, dont la femme Brigitte, outre ses excellents talents d'entremetteuse et d'héritière, exerçait à Sciences Po à quelques pas d'une certaine Édith Chabre, recrutée et nommée directrice de l'école de droit par Richard Descoings, et dont il se trouve probablement par hasard aussi qu'elle est à la ville la femme d'Édouard Philippe.

Respirons.

Soufflons.

Car Édouard Philippe, qui était alors adjoint et futur successeur du maire du Havre, attribuera, sans que l'on comprît s'il rendait par là service à Richard Descoings et sa femme Nadia Marik qui avaient recruté sa femme à lui – Édith Chabre – ou l'inverse, ou si tout cela n'était que le fruit du hasard, des subventions finançant la création et le fonctionnement d'une antenne de Sciences Po au Havre[85] après en avoir été le principal initiateur[86] et inaugurera plus tard une stèle en hommage à Richard Descoings, inauguration à laquelle je serai convié après avoir failli être absorbé par ce qui deviendra l'un des piliers de la Macronie.

Nadia Marik, qui avait précédé Brigitte Taitinger-Jouyet au poste de directrice du développement de Sciences Po, était en effet entre-temps devenue veuve de celui qui fut l'amant de Guillaume Pepy[87], le patron de la SNCF, et qui m'avait recruté à Sciences Po. Elle était aussi le relais oligarchique secondaire et assurantiel de droite de l'amour de sa vie, Richard Descoings, qui s'appuyait sur Pepy

85. Le simple aménagement des locaux a coûté 11 millions d'euros, financés par la région à hauteur de 6 millions, la communauté d'agglomération à hauteur de 3,5 millions et la mairie à hauteur de 1,5 millions.

86. Richard Descoings est à l'origine de l'implantation de l'antenne de *Sciences Po* au Havre. Sollicité par Édouard Philippe, le directeur n'était pourtant pas convaincu de l'intérêt d'une telle implantation : « Je savais qu'il fallait créer un premier cycle Europe-Asie de l'école Sciences Po. Je suis allé voir Richard Descoings, c'était en 2005, avec mes arguments. Au début, il n'était pas très convaincu mais il s'est déplacé, a rencontré les différents acteurs locaux, s'est rendu compte de ce qu'était cette ville. C'est lui ensuite qui a permis la réalisation de ce projet », rappelle le maire du Havre.
Solène Bertrand, « Le Havre salue Richard Descoings, figure controversée », *Actu.fr*, 31 janvier 2013 [En ligne].

87. Marie-Laure Delorme, « Les derniers secrets de Richard Descoings », *Le Journal du Dimanche*, 20 juin 2017 [En ligne].

pour nourrir ses réseaux de gauche. Tous étaient très proches de Jean-Pierre Jouyet et intronisateurs dans le grand monde de Laurent Bigorgne, nommé président de l'institut Montaigne grâce à l'entregent de Richard Descoings après avoir été considéré comme le successeur de ce dernier.

En Marche, dont la première domiciliation serait chez les Bigorne; dont Ludovic Chaker, nous l'avons vu, serait le premier secrétaire général. Laurent Bigorgne qui sera chargé de rallier le CAC 40 à la Macronie et de mettre au service de M. Macron l'institut Montaigne, où Richard Descoings l'avait propulsé, institut théoriquement neutre mais dans les faits créé pour inonder l'espace public d'analyses néolibérales, faisant les affaires des oligarques qui le financent, et utilisant pour se légitimer et s'imposer ses liens proches avec Sciences Po, entretenus par l'entregent d'Olivier Duhamel qui servit de tête de pont à Henri de Castries pour soutenir Fillon avant que ce dernier n'ait rallié Macron, emportant une part du CAC 40 avec lui.

Laurent Bigorne étant également le vice-président de l'association Teach for France créée par la sœur d'Alain Weill et récupérée par Nadia Marik à la mort de son mari, pour préparer les futures politiques éducatives du pays en privatisant la gestion des remplacements de professeurs en Seine-Saint-Denis. À son comité d'administration, siégeaient notamment Maurice Lévy, P.-D.G. de Publicis, Emmanuelle Wargon, alors directrice du lobbying chez Danone, Olivier Duhamel, président de la FNSP et Patricia Barbizet, P.-D.G. d'Artemis, la holding de François-Henri Pinault.

On commence peut-être à comprendre pourquoi *Le Point* aurait été réticent à publier nos révélations.

Laurent Bigorgne donc, allié à Nadia Marik, homme de droite intronisé par Richard Descoings dans le gotha, ex-futur successeur de Richard Descoings jusqu'à ce que son décès contraigne à la nomination de Frédéric Mion – lui-même proche de Richard Descoings et parrain des enfants d'Édouard Philippe et d'Édith Chabre – à la tête de Sciences Po pour cacher la poussière.

Laurent Bigorgne a été le premier appui de M. Macron alors que celui-ci était sans troupes; proche de Maurice Lévy, P.-D.G. de Publicis et présenté comme un conseiller d'Emmanuel Macron pendant sa période ministérielle[88], aux côtés de Patricia Barbizet, femme la plus puissante de France et amie de Brigitte Taitinger-Jouyet; proche aussi d'Emmanuelle Wargon, nommée secrétaire d'État d'Édouard Philippe après avoir

---

88. Marc Baudriller, « Comment Macron est devenu un phénomène médiatique », *Challenges*, 31 août 2016 [En ligne].

utilisé son carnet d'adresses chez Danone, introduite auprès d'Édith Chabre par Nadia Marik, et auprès d'Édouard Philippe par Édith Chabre.

Édouard Philippe donc, inconnu au bataillon, n'ayant aucun fait de gloire à s'attribuer depuis sa réussite au concours de l'ENA, s'étant rapproché par défaut de Juppé après s'être asservi à Areva, proche par ces réseaux des Jouyet, devenu député et maire par succession, dont on ne sait si la femme fut recrutée pour rendre service à son mari ou pour rendre service à ses recruteurs, et qui serait présenté à Emmanuel Macron pour devenir Premier ministre, non du fait d'un quelconque talent ou d'une assise inexistante à l'échelle nationale, mais de liens d'endogamie et de népotisme profond faisant jointure entre ces quelques personnes, qui utilisèrent tous leurs moyens publics ou para-publics pour faire campagne pour M. Macron, en dehors de tous les dispositifs de régulations électorales chargéées de s'assurer de l'égalité entre les candidats.

Respirons.

Soufflons.

Car devenu Premier ministre, alors qu'il était, la veille encore, inconnu du grand public, Édouard Philippe ferait l'objet, dès sa nomination surprise, de papiers creux mais élogieux dans les journaux, radios et télévisions évoqués plus haut, légitimant et blanchissant une carrière qui ne devait rien ni à sa représentativité ni à son rapport avec le fait démocratique.

On tenterait, pendant des mois, par suivisme plutôt que par complot, de vanter lourdement ses talents pour justifier *a posteriori* ce que personne d'honnête n'aurait su admettre.

Les journalistes intégrés au système, ne supportant pas d'exposer leur ignorance, préfèrent, dans le doute, glorifier leurs sujets afin de s'assurer que cela ne leur sera pas reproché.

Jean-Pierre Jouyet, qui avait provoqué la nomination d'Emmanuel Macron à Bercy, sera nommé après son élection dans l'une des plus prestigieuses ambassades de France, à Londres, pour le remercier et l'écarter.

Pour couronner le tout, pour relier tout ce beau monde, Sciences Po avait été tout ce temps utilisée non seulement pour employer ces individus, mais plus largement mettre en œuvre un système népotique n'ayant rien à envier aux oligarchies financières, système qui serait mis à disposition de M. Macron, tandis que l'une de ses nombreuses excroissances, Teach For France, censée introduire ces individus au cœur des politiques éducatives du pays, trouve sur son chemin un certain Jean-Michel Blanquer, ancien serviteur de Nicolas Sarkozy, qu'Édouard Philippe nomme ministre de l'Éducation après que Richard Descoings ait envisagé de le nommer directeur de cabinet, lorsqu'on lui proposa de devenir ministre. L'illustre inconnu sans la moindre assise politique prendrait ainsi la place du non moins illustre Laurent Bigorgne. Olivier Duhamel, devenu avocat au sein du puissant cabinet Veil qui s'occuperait de défendre les intérêts de Nadia Marik, ferait entre temps, avec cette dernière et une partie de la technostructure de SciencesPo, le tour des dîners parisiens, s'appuyant sur Laurent Bigorgne pour servir leurs intérêts et faire la campagne de ce nouveau fils chéri qui quant à lui, de New York à Alger en passant par Beyrouth, effectuait des levées de fond lors de dîners où la place se payerait jusqu'à quinze mille euros par tête, le prix pour avoir l'honneur de l'approcher.

Ce sont ces gens qui parrainent Ludovic Chaker, recruté à Sciences Po et parti de l'institution peu après la mort de Richard Descoings; Chaker qui à son tour recrute Alexandre Benalla et installe ses réseaux de corruption au cœur d'un pouvoir asservi, tandis que leurs comparses, de la secrétaire générale de Sciences Po à François-Antoine Mariani, se voient nommer, après la victoire de leur poulain, à de prestigieux postes au sein de l'État, parfois par décrets dérogatoires.

Passons.

Aviez-vous entendu parler auparavant d'un seul de ces noms, pourtant ceux des piliers des bascules oligarchiques de notre pays? Aviez-vous lu une seule enquête sur leurs activités?

Aviez-vous été surpris de leurs nominations successives au gouvernement ou ailleurs?

Voilà, nous l'espérons, qui commence à s'éclairer.

42

On pose la question qui fâche, qui devrait fâcher un lecteur de ces « grands médias » qui prétendent exposer la vérité : Édouard Philippe, dont la femme a, rappelons-le, opportunément été recrutée par Sciences Po sur fonds publics, a-t-il été pour la première fois introduit auprès de M. Macron dans l'entre-deux tours, comme cela nous a été si heureusement raconté et re-raconté ?

A-t-il été propulsé Premier ministre du fait de ses seuls mérites et de cette importance politique qu'on lui a du jour au lendemain inventée, comme tous l'ont encore et encore répété ?

N'est-ce pas plutôt son entregent et sa capacité à servir et se laisser servir, sa participation depuis des décennies à une endogamie avariée – qui permet, par les simples avancements qu'autorise le système républicain, de vous faire gagner du poids par inertie – ce qu'il fit, et grassement payé, lorsqu'il passa chez Areva alors qu'il était déjà conseiller d'État pour mettre ses réseaux au service de l'entreprise, au moment où celle-ci plongeait dans le scandale des rétrocommissions Uramin qu'il fallait absolument étouffer pour sauver le soldat compromis[89]?

Je m'égare?

Non.

Uramin fit disparaître trois mille emplois, et 2,5 milliards d'euros des caisses de l'État, partis pour des destinations inconnues. Des ramifications remontant jusqu'à l'Élysée furent démontrées. Dix ans après, toujours personne n'a été inquiété.

Rions.

Car en ces espaces où l'on vogue de la gauche socialiste à la droite en passant par le centre, indifférents aux suffrages et satisfaits d'une apparence d'adhésion aux clivages qui traversent la société pour mieux la diriger, on rit lorsqu'on parle de démocratie.

Alors rions comme eux.

---

89. Voir à ce sujet ma longue enquête dans *Le Monde diplomatique* de novembre 2016, « Les étranges affaires d'Areva en Afrique ».

Mille invisibles relais ont porté Macron sans mot dire. Tous l'ont fait de bonne grâce, s'appuyant pour cela sur les moyens que leur donnait l'État. Oh, il ne s'agit plus de mentionner les levées de fonds secrètes que Rothschild organisait aux terrasses des Champs-Élysées.

Il s'agit simplement de montrer qu'une institution publique, parmi tant d'autres, fut instrumentalisée pour servir des intérêts.

43

Dans ces espaces où on appartient tous aux mêmes *corps* – l'expression en soi dit tant – les salaires, assurés par l'État directement, ou par son pillage lorsqu'il n'y arrive plus, c'est-à-dire *via* les pantouflages, sont confortables et constants.

Ils permettent de se protéger en cas d'échec aux élections. Ils se montent à six ou sept chiffres. Ils sont complétés par les affaires du conjoint quand l'autre doit attendre et stagner. Les allers-retours entre public et privé garantissent, contre quelques menues compromissions, la protection d'une position privilégiée.

Ils assurent à tout instant un confort dénué de contenu et d'engagement. À Sciences Po, l'on déjeune dans le restaurant de la direction, servi là encore par des majordomes en livrée, avec vue sur le jardin et les étudiants, lorsqu'il s'agit d'impressionner.

On a tenté, à dix-huit ans, de m'y absorber. À vingt ans, alors que l'on me demandait de trahir pour la première fois, Richard Descoings me proposant de participer à la mission lycée, censée lui ouvrir le chemin du ministère de l'Éducation, je m'en désolidarisais brutalement, pour ne plus jamais y revenir.

D'autres ne firent pas ces choix.

Et pour ces autres, qu'importe que ce système ait fini par user la puissance publique jusqu'à l'évider.

La période balladurienne fut la plus violente à cet égard, inaugurant une prédation qui épuisa tant les ressources de l'État que toujours moins de hauts fonctionnaires parviennent aujourd'hui à s'y instituer, accélérant un mouvement de transfert de ressources qui ne semble plus trouver de fin.

Et par lequel certains maîtres qui, comme Jean-Pierre Jouyet, tinrent l'édifice jusqu'à l'offrir à M. Macron.

Voilà comme se crée la confiance en ces lieux : à force de compromissions réciproques, jusqu'à ce que plus personne n'ose se désolidariser par peur d'être à son tour attaqué. Elle n'est pas même machiavélique : habitué au secret des alcôves, on y apprend que la trahison de l'un exposerait la compromission de l'autre. Par ricochets, cela provoquerait une chute entière de tous qui, n'existant que par ces compromissions et n'étant et n'ayant rien sans cela, ne sauraient le tolérer. Alors, on se tait et on s'échange les corps, comme dans les tribus les plus primitives.

Comment dans ces circonstances penser aux principes démocratiques, penser même à l'idée de politique, alors que l'État apparaît avant tout comme un simple outil servant à reproduire les héritages et les positions en stabilisant la nation et en autorisant son exploitation ?

Là où on se tient et on se regarde, se cooptant et se façonnant au cours des ans afin de s'assurer de la préservation d'un monopole sur le bien commun, on s'empêche de penser.

Là où on se tient, M. Macron est apparu comme un candidat idéal, capable de régénérer un système sur le point de s'effondrer. Et pour servir autant que pour se servir, pour prolonger ce système tout en donnant des gages de crédibilité à un appareil d'État qu'il s'apprêtait encore et encore à pirater. À dévitaliser. À piller.

Là, élu mais démuni, s'est retrouvé un être à l'apparence de neuf et aux emprises maintenant connues avariées, condamné à nommer un Premier ministre du fait de rapports d'endogamie évasés.

44

D'où étions-nous partis pour parler de cela ?

De Ludovic Chaker donc qui, nommé à Sciences Po pour diriger le centre Asie-Pacifique la même année où M. Philippe devenait maire de la ville du Havre, a été intronisé premier secrétaire général du parti de M. Macron au domicile de l'ex-futur successeur de Richard Descoings, ce Laurent Bigorgne qui refusa de nous indiquer pour quoi et par qui, alors qu'il était à Sciences Po bardé de responsabilités, la femme d'Édouard Philippe avait été recrutée.

M. Chaker, donc, chargé par le nouveau président de créer sa « garde prétorienne » après avoir été recruté par M. Descoings et créé le pont entre les réseaux de celui-ci et de M. Bigorgne – dont M. Philippe –, et ceux de M. Emelien.

Ludovic Chaker donc, l'*alter ego* d'Alexandre Benalla, arrivé au plus haut de l'État pour protéger l'intimité de tous ces gens et atteindre celle de ceux qui les menaceraient[90].

Dont moi.

Ludovic Chaker, au rôle obscur qui nous mène au point de jonction rhétorique de tout cela : Ismaël Emelien, le très discret « conseiller spécial » de Macron.

Ismaël a travaillé chez Havas, où il a rencontré sa conjointe, avant que soit attribué à son ancien employeur un marché de plus de trois cent mille euros sans appel d'offres au nom du ministère de l'Économie, de *notre* ministère de l'Économie, pour lancer la campagne officieuse de Macron, à Las Vegas, par un événement dont le seul objectif était de marquer la presse et de faire connaître le futur président.

L'opération est construite *ex nihilo* grâce à un subterfuge dont se fait complice Business France, l'agence de l'État qui autorise tous ces

---

90. Cette intimité élevée par la préséance bourgeoise au titre de valeur sacrale tant qu'elle peut servir le pouvoir d'une façon ou d'une autre, menaçant qui la compromettrait, alimentant le pouvoir et par ricochet la presse pour couvrir tous ces réseaux et leurs compromissions.

débordements. Sa dirigeante d'alors? Muriel Pénicaud[91].

Ismaël Emelien, cela n'a pas encore été raconté, a rencontré Emmanuel Macron lors de la préparation d'un voyage en Amérique latine organisé par la Fondation Jean-Jaurès, pour accompagner Laurent Fabius, à qui M. Macron s'offrit un premier temps, avant d'hésiter avec M. Fillon, puis de se présenter à M. Hollande sur recommandation de M. Jouyet. Contrairement à ce qui a été dit, cette première rencontre n'a pas eu lieu au Chili.

La Fondation Jean-Jaurès était alors dirigée par Gilles Finchelstein, directeur des études à Havas, détenue par Vincent Bolloré. Havas est une agence récipiendaire des contrats que son ancien employé Ismaël Emelien octroiera, plus tard, par le truchement de Muriel Pénicaud, qui précisera à sa secrétaire de s'assurer que tout cela reste confidentiel. Le tout au nom de l'État.

Après tout, pourquoi pas?

---

91. Muriel Pénicaud, dont on rappellera pour la forme qu'elle se trouvera récompensée en étant nommée, contre toute évidence, ministre du Travail d'Emmanuel Macron.

45

En ces mondes, la question de compétence devient secondaire, tant on voit à quel point les individus sont conditionnés par des réseaux d'allégeance et de contre-allégeance qui leur retirent toute autonomie.

Édith Chabre – épouse d'Édouard Philippe – a fait une obscure école de droit privé avant d'être diplômée de Sciences Po Lille. La voilà directrice de la toute-puissante école de droit de Sciences Po, deux ans après que son mari a décidé d'accorder à Sciences Po des aides importantes pour construire son campus au Havre.

Nadia Marik était magistrate au tribunal administratif. La voilà directrice adjointe de Sciences Po après avoir été recrutée par son futur conjoint, qui l'avait examinée à son oral de l'ENA, puis elle prend la tête de Teach for France avec l'aide du gotha parisien, pour en faire avec Laurent Bigorgne le point de rencontre de tout ce que demain la Macronie défendra.

Ludovic Chaker avait un parcours interlope. Comme Alexandre Benalla, le voilà dans les cénacles chargés de superviser et d'instruire les services secrets de l'État.

Catherine Gassier-Weill menait une discrète carrière d'assistante de recherche avant de prendre la tête de Teach for France.

Quant à Emmanuelle Wargon, il serait absurde de penser que sa présence au gouvernement ait eu quoi que ce soit à voir avec son amitié intime avec Nadia Marik et le couple Philippe, Laurent Bigorgne ou Brigitte Taittinger. Sa nomination récente a provoqué pourtant une réelle surprise, tant la présence d'une énième lobbyiste sans parcours politique au cœur de l'État commençait à inquiéter.

Et nous nous en tenons là aux réseaux horizontaux, car lorsque la belle-fille de Jean-Pierre Jouyet a été nommée directrice adjointe au musée du quai Branly à vingt-cinq ans, cela a fait aussi peu de bruit que lorsque le fils de Le Drian – ministre socialiste devenu macronien par des biais qu'il faudra là encore un jour exposer – l'était lui aussi à un des plus importants postes de la Caisse des dépôts. À moins de trente ans, c'est une sorte de record de France toutes catégories.

À la Caisse des dépôts, banque publique vivant de l'argent et des pensions des retraités, des placés sous tutelles et des petits épargnants, les gendres et oncles, neveux et grands-parents, se passent le relais depuis plusieurs générations.

Le talent semble ici se propager par transmutation. Comme partout en Macronie, les recrutements, amours et alliances s'opèrent selon les critères de fortune et de pouvoir, les faisant et défaisant sous le regard bienveillant des oligarques.

46

Nous arrivons à la fin de notre trajet. Tous ces petits entre-gens et jeux de ville nous ont été maquillés, déguisés, masqués par une presse majoritairement rendue complice ou désactivée, incapable de jouer son rôle de contrôle social qui aurait permis à des personnes honnêtes de ne pas se laisser absorber. Car c'est là la perversion d'un fonctionnement qui, prenant à des âges naissants, parvient à aveugler chacun sur le rôle qu'il aura à jouer. Descoings puis le procureur de la Cour pénale internationale, puis Filippetti, puis d'autres encore tenteront tour à tour de m'y entraîner, provoquant des ruptures brutales au moment où je sentais trahies les idées qui nous avaient rapprochés. D'autres n'eurent pas cette chance, cette force ou cette opportunité et se laissèrent absorber. Je vis mon camarade de promotion Quentin Lafay se faire dévorer, puis rompre. Je vis Gabriel Attal, lui, y plonger sans même s'interroger.

Tout cela construit un paysage que la presse inféodée au système est chargée de décorer, de façon à nous faire croire en une fable populaire où les enjeux démocratiques, les questions de programme et d'engagement, le choix du peuple enfin, primeraient d'une quelconque façon.

Dans ce système, qui couronne notre époque, couvé par le *triumvirat* Arnault-Niel-Lagardère chargé de propulser de vaillants soldats sélectionnés par Emmanuel Macron, dont M. Philippe, le plus docile et le plus recommandé – par la grâce notamment d'une introduction de Taittinger et de Jouyet –, parfait alliage de l'aristocratie d'État et de la bourgeoisie du pays, sous la bienveillante attention d'une Mimi Marchand et des exécutants précités, nous peinons à découvrir où la démocratie tend à s'infiltrer.

La bande que nous avons décrite, avide, se constitua dans l'ivresse de l'envie, raflant tous les jeunes intrigants qui se sont montrés en mesure de lui offrir la sève autorisant leur reproduction.

Ce système m'a, à tant de reprises, effleuré, séduit, approché. Mais ça n'a pas fonctionné. Il a fallu rompre, violemment, partir enquêter au Centrafrique et au Nord-Kivu, enseigner dans les lieux les plus paumés, partir aux racines de ceux que tous ces gens exploitaient. Contrairement à nombre de mes amis, collègues, amours, alsaciens, alsaciennes. Louveteaux. Je me suis arraché. Après m'être laissé absorber, je me suis émancipé.

J'ai regardé Emmanuel Macron intervenir le 13 décembre, dans un sombre Élysée où se jouait sa survie, annonçant qu'il *demanderait* aux patrons de verser une prime à leurs salariés. J'ai vu Messieurs Niel, Drahi, Lévy et Richard – ce dernier sauvé par M. Macron après avoir été chèrement conseillé par M. Emelien – annoncer immédiatement et de façon piteuse leur soutien au président en proposant une prime exceptionnelle visant à masquer l'absurdité d'une telle proposition.

Je les ai vus s'agiter, avec pitié pour leur grossièreté, leurs traits tirés, me désolant de cette intervention radiophonique où Xavier Niel, les yeux tombants, faisait la louange de M. Macron, annonçant une réforme de la fiscalité des successions que Gabriel Attal ne serait autorisé à rendre publique que deux mois plus tard, tentant tant bien que mal de prétendre qu'il en était l'auteur là où tout avait été, au-dessus de lui, décidé.

Je me suis alors dit qu'il aurait fallu, pour compléter le tableau, vous introduire dans les réseaux de la bourgeoisie d'Amiens, l'aisance et la force du père d'Emmanuel Macron, Jean-Michel Macron, professeur de médecine et ancien chef de service au CHU d'Amiens, sa rupture avec son fils, le divorce de ses parents, mais surtout vous faire découvrir la famille Trogneux, dont les alliances plus encore que la puissance financière ont été déterminantes pour accompagner les débuts d'un pouvoir qui, à travers les soutiens des baronnies locales et notamment celles de Messieurs Collomb et Le Drian, Patriat et Ferrand, avait pensé se constituer là où il ne faisait qu'emprunter.

Comment tout cela a enfanté le grand débat, sous la houlette d'Ismaël Emelien, tentative désespérée de reconstituer un socle électoral que la campagne précédente n'avait pas permis.

J'aurais voulu vous infiltrer en ces baronnies qui auront – un temps – compensé l'absence d'assise sociale d'En Marche par le tissage d'un réseau de solidarité et de redistribution de prébendes. J'aurais aimé vous conter comment les barons tenaient les territoires secondaires. Comment, n'ayant pas été institué par ce pouvoir, ce tissage se déliterait à la première difficulté.

J'aurais aimé ensuite vous décrire comment, à partir de tout cela – à travers Laurent Bigorgne et le clan Descoings, puis la revue *Esprit* et le groupe de réflexion Terra Nova, le journal *Le 1* financé par le millionnaire Henry Hermand[92] pour, comme l'admettra publiquement son directeur Éric Fottorino, soutenir M. Macron –, les réseaux Strauss-Kahn et Huchon, Moscovici les reliant, la mécanique s'est enclenchée.

Comment s'est organisée la mobilisation des ressources intellectuelles, politiques et financières autour du futur président pour « substantialiser son pouvoir » et faire admettre sa cooptation aux élites secondaires, alors que tombaient ses concurrents entre affaires de corruption et luttes fratricides éberluées.

Il aurait fallu raconter à chaque fois les mille et un épisodes auxquels j'ai assisté, cherchant à berner le public à travers des journalistes toujours moins indépendants, habillant cet entrelacs d'intérêts visant à propulser une coquille vide en quelques mois.

Il m'aurait fallu vous raconter ce colloque de Terra Nova organisé à Lyon par Marc-Olivier Padis, qui deviendra directeur de la vénérable revue *Esprit*. Cette manifestation qui avait tant pris des allures de meeting qu'il fallut l'annuler au dernier moment pour ne pas se ridiculiser.

---

92. Qui en aidant financièrement Emmanuel Macron s'assurera que son poulain ne se compromettrait jamais personnellement et pourrait conserver une apparence vierge de corruption à la tête de l'État.

Il aurait fallu vous montrer comment tous ces réseaux secondaires, chargés de faire la propagande du pouvoir naissant dans l'incompréhension du public, utilisèrent les ressources de l'État et attendirent, comme le leur avait promis François Hollande en son temps, rétribution pour leur œuvre.

Il aurait fallu vous décrire ces cabinets ministériels transformés en machines à récolter des fonds au service d'une ambition.

Vous raconter celui de Bercy, où Ismaël Emelien avait non seulement utilisé les fonds de l'État pour payer des contrats sans appel d'offres à Havas, mais aussi pour mobiliser les six conseillers ministériels chargés de la communication de M. Macron, confortablement payés par la puissance publique pour organiser des événements, et dont trois n'apparaissaient pas dans les organigrammes officiels.

Comment ensuite, avec M. Séjourné, il mobilisera un réseau profond qui permettra au candidat d'obtenir en un temps record, provenant de neuf cents personnes, près de sept millions d'euros de dons, et ainsi, en respectant formellement la législation, de financer la campagne de M. Macron en échange de promesses de réductions fiscales qu'il ne tardera pas, quelques mois plus tard, à leur octroyer.

Il faudrait les décrire, ces Bruno Tertrais, chargés d'élaborer à la hâte un programme destiné à vendre l'opération au grand public, interrogés à l'issue de l'élection par *Le Monde* en tant qu'experts « indépendants » pour juger de l'action de M. Macron, en toute conscience et sans la moindre gêne. *Le Monde* dont le président du conseil de surveillance, Jean-Louis Beffa, était l'un des principaux soutiens de Macron pendant la campagne présidentielle et s'agitait au sein du Petit-Paris pour récolter dons et appuis, tandis qu'Anne Sinclair, directrice de la rédaction du *Huffington Post* – et encadrée par un directeur général qui n'est autre que Louis Dreyfus – s'entretenait avec Henry Hermand pour l'assurer de son soutien au futur président, sans en dire mot à ses lecteurs, qui continuaient à croire en l'indépendance de sa ligne éditoriale. L'aide d'Alain Minc – lointain prédécesseur au conseil de surveillance du *Monde* où il s'était mué en grand appui d'Edwy Plenel, avant de soutenir Emmanuel Macron et de l'amener à trahir la société des rédacteurs du *Monde* lors de la mise en vente du journal – et de Jacques Attali, qui ferait office de *missi dominici* entre tous ces espaces, comme il le fit sous tous les pouvoirs après Mitterrand.

Il aurait fallu montrer tout cela pour comprendre plus en détail comment fut fabriqué un candidat au service de quelques-uns, incapable d'agir de façon autonome, ni d'élaborer une pensée, mais seulement de se vendre au plus offrant, détaillant par le menu l'ensemble des compromissions qui, de distributions de poste en instructions judiciaires, en passant par l'attribution de mandats de négociations, ont permis à ce système de tenir à prix coûtant, tandis que le peuple exsangue, rejeté loin de ces informations, subissait et se voyait spolié jusqu'à finir, épuisé, par se rebeller.

Il aurait enfin fallu dire comment ces petits soldats de la Macronie, dont je vous ai détaillé l'ascension, se comportent avec une arrogance et une assurance de soi sans nom, cherchant à écraser moralement ceux qu'ils avaient jusqu'ici exploités jusqu'à les essouffler et à les dévaster, en prétendant incarner une République qu'ils avaient pillée.

Ce serait rejouer une bataille perdue par la démocratie.

Ces êtres ne sont pas corrompus. Ils sont la corruption. Les mécanismes de reproduction des élites et de l'entre-soi parisien, l'aristocratisation d'une bourgeoisie sans mérite, ont fondu notre pays jusqu'à en faire un repère à mièvres et arrogants, médiocres et malfaisants. En eux qui ont fait du respect de la légalité un paravent pour s'autoriser tous les excès, ne réside plus la moindre recherche d'un engagement ou d'un don. Interrogeons-nous : pensait-on que ces gens serviraient des idées, eux qui se sont constitués au service d'intérêts particuliers ? Pensait-on que ces individus nous grandiraient, eux qui se sont contentés, tout au long de leur vie, de nourrir une ambition que rien ne viendrait sustenter ?

Le journalisme en ce pays a longtemps fonctionné comme une balance, prenant à droite ce que la gauche rejetait, et vivant de ce mouvement de pendule qui incite à la paresse et à la connivence.

Cela a donné un temps l'impression de vivre en démocratie, les juges d'instruction, les trahisons et diverses luttes de pouvoir venant parfois rompre la monotonie de compromis trop acquis.

Cela a donné un temps l'impression de vivre en démocratie, jusqu'à ce que le « en même temps » d'Emmanuel Macron en désactive le principe actif, achevant l'illusion d'un fonctionnement républicain qui garantirait l'octroi de quelque répit à des populations enfin informées des jeux et des enjeux qui, dans leur dos, s'établissaient.

Comment dès lors s'étonner des conséquences terribles que tout cela a suscitées et suscitera, alors que la contrainte est systémique, et qu'elle ne changera pas ?

Comment ne pas appeler à une destitution, et un bouleversement institutionnel qui nous permette enfin, par un régime parlementaire approfondi, de rendre au peuple ses propres outils ?

Comment ne pas y voir la seule alternative à un pouvoir toujours plus autoritaire ne présentant pour seule autre option que sa reprise par un parti de « l'ordre », le Rassemblement national, qui a déjà donné aux élites les gages qu'elles attendaient ?

Conscient de sa fragilité et de la difficulté à continuer à préserver, tout en le niant, l'intérêt de ceux qui l'ont constitué, le président Macron est reparti en campagne. Dépensant une énergie « de dingue », il fait illusion. Tout autour de lui, pourtant, on l'aura compris, un monde vacille, se décompose et lutte contre son crépuscule.

Il était temps de le révéler. Et face à un pouvoir nous menaçant d'effondrement, de se lever.

Imprimé en France par CPI
en avril 2019

Composition :
L'atelier des glyphes

Dépôt légal : mars 2019
N° d'impression : 152868